国家级职业教育规划教材

全国中等职业技术学校旅游服务与管理专业教材

著名旅游景点鉴赏

ZHUMING LÜYOU JINGDIAN JIANSHANG

人力资源社会保障部教材办公室　组织编写

宁　欢◎主编

第二版

中国劳动社会保障出版社

简介

本教材介绍了中外著名自然、人文旅游景点。通过学习，学生不仅能够了解中外著名景点的基本概况和特点，还能够在掌握理论知识的基础上形成对景点特色和文化内涵的分析，提升个人对自然美、人文美的赏析能力。教材内容实用，表现形式丰富，适于中等职业技术学校教学使用。

本教材由宁欢任主编，彭淑清任主审。

图书在版编目(CIP)数据

著名旅游景点鉴赏 /宁欢主编. —2 版. —北京：中国劳动社会保障出版社，2017
全国中等职业技术学校旅游服务与管理专业教材
ISBN 978-7-5167-3171-0

Ⅰ.①著… Ⅱ.①宁… Ⅲ.①旅游-景点-介绍-中等专业学校-教材
Ⅳ.① K919.1

中国版本图书馆 CIP 数据核字(2017)第 202106 号

中国劳动社会保障出版社出版发行
（北京市惠新东街 1 号 邮政编码：100029）
*
北京市科星印刷有限责任公司印刷装订 新华书店经销
787 毫米 ×1092 毫米 16 开本 13.5 印张 264 千字
2017 年 8 月第 2 版 2024 年 12 月第 8 次印刷
定价：26.00 元

营销中心电话：400-606-6496
出版社网址：http://www.class.com.cn
http://jg.class.com.cn

前　言

近年来，我国旅游业发展迅速，产业规模不断扩大，国家对旅游从业人员的职业素养和知识、技能水平提出了更高的要求。为了适应行业的发展以及职业学校教学的需求，我们对全国中等职业技术学校旅游服务与管理专业教材进行了修订。

在新一轮的教材修订工作中，我们收集了旅游企业对于技能型人才的具体要求以及学校使用教材的反馈意见，组织骨干教师与行业、企业专家进行充分研讨，确定重点做好以下几方面工作：

◆ 更新教材内容　根据旅游业的发展变化，补充有关旅游服务与管理的最新理念，以及在线预订、智能系统等互联网时代出现的新方法、新技术，更新与旅游有关的人文信息，使教材内容更加具有时代感和前瞻性。进一步加大技能训练的比重，在导游实务、旅行社业务等主要技能课教材中，更多地加入实践案例和操作指导，有助于学校开展一体化教学。同时，将职业道德、服务意识、礼仪规范等有机融入到教学内容、课堂问答、课后训练等环节中，以加强对学生职业素质的培养。

◆ 提升教材表现力　通过设置“案例思考”“知识链接”“课堂讨论”等不同栏目，增加教材的亲和力，激发学生的学习兴趣。同时，尽可能多地以图表代替冗长的文字叙述，使教材更加生动直观，易于学习。

◆ 加强立体化资源建设　在修订教材的同时，补充开发配套的电子课件。电子课件可通过职业教育教学资源和数字学习中心（http: //zyjy.class.com.cn）免费下载。

本套教材的编写得到了有关省市人力资源和社会保障部门以及一批中等职业技术学校的大力支持，教材的编审人员做了大量的工作，在此，我们表示衷心的感谢！同时，恳切希望广大读者对教材提出宝贵的意见和建议。

人力资源社会保障部教材办公室

目　录

绪论

旅游景点是激发游客出游的核心吸引物，也是游客消费体验的主体对象。世界范围内的旅游景点丰富多样，分布广泛。不同的旅游景点，蕴含的旅游价值各不相同。为了更好地赏析各类景点，旅游从业人员或旅游者需要掌握相关的知识，才能更好地提升旅游的价值和意义。

一、旅游景点的内涵

旅游景点是以旅游及其相关活动为主要功能或主要功能之一的独立管理区，能够满足游客参观游览、休闲度假、康乐健身等旅游需求，具备相应的旅游服务设施并提供相应旅游服务。管理区内设有统一的经营管理机构和明确的地域范围，包括风景区、旅游度假区、自然保护区、动植物园区等各类旅游资源。

旅游景点必须是一个长期存在的目的地，其存在的主要目的是向公众开放，并满足进入者娱乐、兴趣和学习的需求。

二、旅游景点的分类

旅游景点的分类标准有很多种，例如，可以按旅游景点的基本属性、地域分布、旅游功能、管理级别等进行分类。本书主要依据基本属性和地域分布两个方面对旅游景点进行分类。

1. 依据基本属性分类

依据基本属性划分，可将旅游景点划分为自然旅游景点、人文旅游景点和现代人造旅游景点三类。自然旅游景点可细分为山体景点、水域和岩溶景点等，人文旅游景点可分为古建筑、佛教石刻、古典园林、古墓葬、古镇等。

2. 依据地域分布分类

（1）依据所在大洲进行分类

依据此种分类方法，世界上的旅游景点可以划分为亚洲旅游景点、欧洲旅游景点、非洲旅游景点、美洲旅游景点、大洋洲旅游景点、南极洲旅游景点等。

（2）依据所在国家或地区进行分类

依据此种分类方法，又可将各大洲的旅游景点进行细分，如亚洲旅游景点可以分为中国旅游景点、日本旅游景点等，欧洲旅游景点可以分为法国旅游景点、英国旅游景点等。本书主要讲解范围为中国著名旅游景点，并选了我国主要旅游目的国具有代表性的著名旅游景点进行了简要介绍。

三、中国旅游资源的主要特征

我国国土面积广大，从南到北、从西到东由于不同的自然和社会因素，形成了十分丰富的旅游资源。我国的旅游资源在种类、形式、组合等方面都形成了独特的特点，具体包括以下几点：

1. 自然景观与人文景观旅游资源相互融合，生命力旺盛

在我国，人文景观和自然景观分布在各个地区，数量很多，有相当一部分自然景观和人文景观是相互融合的。单纯的自然景观或人文景观很难引起游客长久的兴趣，相互融合之后的旅游产品内涵更丰富，更能吸引游客的眼球。

2. 旅游资源空间组合不同，地域特色显著

我国按地域空间不同，可以划分为华北、东北、华东、中南、西南、西北六个地区。每个地区由于气温和降水分布规律的不同，以及历史发展沿革和风土人情的差异，就形成了各个地区不同特点的旅游资源。例如，西北地区正是有了多风、干燥、昼夜温差大等一系列自然特点，才造就了独一无二的景观；与西北地区粗犷豪放的风格不同，华东地区的含蓄典雅则被江南水乡的小桥、流水、人家诠释得完美至极。

3. 人文旅游资源古老而独特

中国是古人类的发祥地之一，也是世界文明的发祥地之一，流传至今的宝贵遗产构成了极为珍贵的旅游资源。古老的华夏文明是中华民族共同的精神财富，它留给今人的人文旅游资源令我们充满敬佩和好奇。蜿蜒盘旋的万里长城、气势宏伟的清东陵和明十三陵、六朝古都南京、全国五十六个民族各自不同的风俗习惯和风土人情等，让全世界惊叹于中华民族文化的博大精深，这些人文旅游资源在世界范围内也都是罕见的。

四、旅游景点的赏析方法

1. 提升自我的审美能力

审美能力是人欣赏美的能力。对相同的欣赏对象，审美能力的高低决定了个人不同的感受，对旅游景点来说也是一样。没有审美能力的人，无法体会到旅游景点的独到之处，无法品味到旅游景点的自然之美或人文之美，没有审美能力，是无法进入欣赏的境界的。所以，对旅游景点内涵的赏析，关键在于提升旅游者自身的审美能力。

2．了解旅游景点的背景文化

旅游与文化的关系密不可分，想要欣赏到旅游景点的美，必须对其文化背景有了解。例如，随着中国经济的迅猛发展和国际地位的不断提升，越来越多的中国公民参与到出境旅游中。然而，东西方文化之间存在的差异却在一定程度上制约了我国公民对境外旅游景点的赏析能力，价值取向、价值观念、思维方式、生活方式等各个方面的差异无形中操控着人们的行为，反映在旅游景点赏析过程中，带来文化上的碰撞与冲突。因此，充分了解东西方文化差异对旅游景点赏析过程有重要的作用。

3．掌握景点赏析的时间、角度

首先，在旅游过程中，有许多景观只有在特定的时间里才能表现得淋漓尽致，使旅游者得到最佳的观赏效果。例如，希腊一直是很多人蜜月旅行的首选目的地，湛蓝的海水、白色的建筑、蓝色的屋顶，美不胜收。但是，希腊本地最佳旅游季节在春秋两季，因为希腊位于地中海地区，夏季会较为干旱，而到了冬季，希腊很多旅游设施都会停止营业，部分季节性的小餐馆会停业，并不适合旅游。所以，季节的变换对景点的赏析价值具有较为重要的影响。

其次，把握正确观赏自然风光的角度，对观赏到赏心悦目的景色十分重要。角度正确，美不胜收，角度不对，效果不好，有时甚至看不到美景。苏东坡在《题西林壁》中所写的“横看成岭侧成峰，远近高低各不同，不识庐山真面目，只缘身在此山中”说的就是这个道理，对于国外景点的赏析也是如此。在观赏自然景观的过程中，平视观赏景物的方式适用于观赏远处、开阔的景物，如看大海，可以极目远眺，使人心胸开阔，心旷神怡；仰视观赏景物的方式则适用于观赏那些高大雄浑的景物，使人有一种高山仰止的感觉；俯视观赏景物则主要是指人站在高处向下看，可以有“会当凌绝顶，一览众山小”的感觉。总之，不同的观赏角度可以获得不同的观赏效果，特别是对一些特定的景物，只有在特定的位置和角度，才能收到特定的观赏效果。

第一章

中国自然旅游景点

chapter 1

自然旅游景点是由各种地理环境或生态环境构成的旅游资源。中国是一个拥有几千年历史的文明古国，独具特色的传统文化、丰富多彩的民风民俗，一直吸引着全世界的目光，而她秀丽的山川和优美的风景，更是人类共同的瑰宝。

学习目标

- 掌握本章所涉及中国自然旅游景点的所在地、主要特点等知识。
- 能运用所学的知识及观赏方法开展对中国自然旅游景点的审美活动。
- 能运用所学的知识和技能进行景点分析评价。

第一节 山体景点

景点1：泰 山

一、泰山概况

泰山位于山东省泰安市。泰山又称岱宗、岱山、岱岳、东岳、泰岳等，名称之多为全国名山之冠。泰山之称最早见于《诗经》，意为“极大、通畅、安宁”。泰山是中国帝王封禅的五座大山（岳）之首，一向有“五岳独尊”之称。泰山自然景观雄伟高大，有数千年精神文化的沉淀，以及人文景观的烘托，因而被称为“五岳之首”。

泰山风景旅游区包括幽区、旷区、妙区、奥区、丽区和秀区六大风景区。幽区是指中路旅游区，是最负盛名的登山线路，自登山盘路的起始点一天门经中天门至南天门，主要旅游景点包括岱宗坊、一天门、孔子登临处、红门宫、斗母宫、经石峪、壶天阁、中天门、云步桥、五松亭、望人松、对松山、十八盘等。旷区是指西溪景区，是登山的西路，主要的旅游景点有元始天尊庙、扇子崖、天胜寨、黑龙潭、白龙池等。妙区即岱顶游览区，主要旅游景点有南天门、月观峰、天街、孔子庙、碧霞祠、唐摩崖、玉皇顶、探海石、日观峰、瞻鲁台等。奥区是以后石坞为中心的景区，主要旅游景点有天烛峰、九龙岗、黄花洞、莲花洞、尧观台等，最令人称奇的是石岩上的鸳鸯松、卧龙松、飞龙松、姊妹松、烛焰松等。丽区即泰山山麓及泰城游览区，主要旅游景点包括岱庙、岱宗坊等。秀区在泰山的西麓，主要包括桃花峪景区和樱桃园景区。

泰山具有极其美丽壮观的自然风景，更有数不清的名胜古迹、摩崖碑碣，因此成为世界著名的历史文化游览胜地。

泰山被联合国教科文组织列入世界自然与文化遗产，是首批国家AAAAA级旅游景区、第一批国家重点风景名胜区、世界地质公园和第四批国家地质公园。

世界遗产委员会评价：庄严神圣的泰山，两千年来一直是帝王朝拜的对象，山中的人文杰作与自然景观完美和谐地融合在一起。泰山一直是中华人民共和国艺术家和学者的精神源泉，是古代中华文明和信仰的象征。

二、泰山地貌

泰山地区在太古时代经历了剧烈的地壳抬升和沉降，终于在 3 000 万年前形成了今天的泰山。

泰山地貌是由多种地形群体组合形成的，分为冲洪积台地、剥蚀堆积丘陵、构造剥蚀低山和侵蚀构造中低山四大类型。泰山地质构造以断裂为主，断裂活动使其隆起，与华北大平原形成强烈对比。泰山南部受断裂影响，上升幅度大，在上升风化的过程中，异峰突起，陡峭峻拔，露出大片基底杂岩。泰山北部上升幅度小，岭低坡缓，谷宽沟浅，保存着典型的古生代盖层。

泰山杂岩是世界最古老的岩石之一，对研究中国东部元古代地质构造、岩浆活动及板块构造具有重要科学价值。泰山地区化石资源丰富，保存完好。

三、泰山人文

从四五万年前的旧石器时期到新石器时期，泰山周围地区已出现了人类活动的踪迹，是中华民族文明的重要发祥地。

1．封禅

封禅是一种祭祀仪式，指中国古代帝王在五岳中的中岳嵩山和东岳泰山上举行的祭祀天地神祇的宗教活动，其中以在泰山举行封禅仪式的次数最多，影响最大。

秦汉以前有封禅祭祀，沿至秦汉，封禅遂成大典，至唐宋仪礼臻于完备。自宋真宗封禅之后，帝王只祭祀，不再封禅。到了清朝康熙、乾隆时期，泰山的地位抬高到了无以复加的程度。历朝皇帝对泰山的顶礼膜拜，使得泰山在中国历史上具有举足轻重的政治象征作用，泰山逐渐演化成为中国的国山，在名气上凌驾于其他名山之上。

2．宗教

随着封禅祭祀的兴起，道、佛、儒在泰山不断发展融合。魏晋时期，佛教传入泰山。唐宋时期，泰山道、佛教进入鼎盛时期。宋代统治者尊奉道教，有着抵御外侮的意义，在泰山广建岱庙，大建碧霞祠，泰山上下宫观林立，俨然成为一座神山，至今保留完好的道教宫观尚有 20 余处。

3．文化

泰山吸引了历代大批文人墨客，留下了众多不朽的名篇佳作和书法墨宝。继孔子“登泰山而小天下”后，更有司马迁、李白、杜甫、苏东坡等在泰山留下足迹和名篇，而其中杜甫“会当凌绝顶，一览众山小”的诗句，更成为千古绝唱。

四、泰山风景名胜

泰山的风景名胜以主峰为中心，呈放射状分布，成为中国山岳风景的代表。泰山风景区内有山峰、崖岭、名洞、奇石、溪谷、瀑潭、名泉、古树名木、古遗址、古墓葬、古建筑、碑碣、摩崖刻石、石窟造像、近现代文物等，自然景观与人文景观融为一体。

1. 岱庙

岱庙（见图 1—1）位于泰安市区，又称“东岳庙”或“泰庙”，是历代帝王祭祀泰山、举行大典的地方，建筑风格采用帝王宫城的式样。岱庙与北京故宫、山东曲阜孔庙、承德避暑山庄并称中国四大古建筑群。

（1）天贶殿

天贶殿（见图 1—2）是岱庙中的主体建筑，传为宋代建造，主祀东岳大帝。天贶殿面阔九间，进深五间，八根红色大檐柱耸立廊前，重檐九脊，黄瓦飞甍，金碧辉煌，以国内三大宫殿式建筑之一而闻名。

图 1—1　岱庙

图 1—2　天贶殿

（2）《泰山神启跸回銮图》

在天贶殿内的东、北、西三面墙壁上绘有名为《泰山神启跸回銮图》的巨幅壁画。壁画高 3.3 米，长 62 米，传为宋代遗作，描绘了泰山神出巡回銮的盛况。壁画画面车水马龙，共绘有人物 691 个，千姿百态、栩栩如生，山水、殿阁、树木点缀其间，构图宏伟，造型生动，是我国珍贵的历史文化遗产。

（3）秦泰山刻石

秦泰山刻石是泰山石刻中时代最早的作品。铭文为秦始皇功德铭和二世诏书，由丞相李斯篆书，现为国家一级文物，堪称稀世珍宝。

（4）汉柏

在岱庙的汉柏院内，有五株汉柏，传为汉武帝登封泰山时所植。乾隆南巡时，曾御绘《汉柏图》并赋《题汉柏作》一诗刻于石。“汉柏凌寒”为泰安八景之一。

2．岱宗坊——一天门

岱宗坊为登泰山的起点，明朝始建，清朝重建，为四柱三门式石坊，造型粗犷、简洁，额题篆书“岱宗坊”三个金色大字，有标志导向作用。坊前分立《重修岱宗坊记》和《重修泰山记》碑。

一天门是泰山中路的登山起点，从红门开始 6 600 级石阶直上岱顶。

在斗母宫东北中溪支流的经石峪上镌刻着北齐的《金刚般若波罗蜜经》的部分经文，字径 50 厘米，遒劲古拙，篆隶兼备，被誉为“大字鼻祖”和“榜书之宗”，是泰山佛教文化和石刻艺术的瑰宝。

3．二天门——三天门

二天门又称中天门，是泰山中路上山道和西路盘山公路的交汇点。

十八盘（见图 1—3）是泰山登山盘路中最险要的一段，共有石阶 1 600 余级，为泰山的主要标志之一。此处两山崖壁如削，十八盘岩层陡立，在不足 1 千米的距离内升高 400 米，远远望去，似天门云梯。泰山之雄伟，尽在十八盘。

图 1—3　十八盘

4．三天门——玉皇顶

三天门又称南天门，位于泰山十八盘的尽头，海拔 1 460 米，古称“天门关”。它建在山岭之间的低坳处，双峰夹峙，仿佛天门自开。

（1）岱顶

岱顶是三天门到玉皇顶的俗称。岱顶四大奇观分别是旭日东升（见图 1—4）、晚霞夕照（见图 1—5）、云海玉盘（见图 1—6）和黄河金带（见图 1—7）。

图 1—4　旭日东升

图 1—5　晚霞夕照

图 1—6　云海玉盘

图 1—7　黄河金带

泰山佛光（见图 1—8）是岱顶奇观之一。适逢云雾弥漫的清晨或傍晚，游人站在较高的山头上顺光而视，就可能看到缥缈的雾幕上，呈现出一个内蓝外红的彩色光环，将整个人影或头影映在里面，恰似佛像上方五彩斑斓的光环，故得名“佛光”或“宝光”。泰山佛光是一种光的衍射现象，它的出现是有条件的。据记载，泰山佛光大多出现在 6—8 月半晴半雾的天气，而且是太阳斜照之时。

图 1—8　泰山佛光

（2）天街

天街位于岱顶，西起南天门，东止碧霞祠，神韵天成，路面宽阔平坦。

（3）碧霞祠

碧霞祠位于岱顶天街东端的高崖之上，是泰山女神碧霞元君的祠宇，始建于宋代。

（4）玉皇顶

玉皇顶是泰山主峰，因峰顶有玉皇庙而得名。峰顶有“极顶石”，标志着泰山的最高点。极顶石西北有“古登封台”碑刻，说明这里是历代帝王登封泰山时的设坛祭天之处。

（5）《纪泰山铭》

《纪泰山铭》位于岱顶，由唐玄宗李隆基撰文并书写，碑身高大超过 10 米，所有字均为贴金，每当日出时反射朝阳，灿烂眩目。

景点 2：黄　　山

一、黄山概况

黄山位于安徽省，属南岭山脉的一部分。黄山山系中段是黄山的精华部分，号称

“五百里黄山”，其自然景观与人文景观俱佳，有“天下第一山”之美誉。黄山集中国各大名山的美景于一身，如泰山之雄伟、华山之峻峭、峨眉之秀丽、匡庐之飞瀑、雁荡之巧石、衡山之烟云，无不兼而有之。

黄山为独特的花岗岩峰林地貌，有“天然动物园”和“天下植物园”的美称。山中的六大景区即云谷景区、北海景区、白云景区、玉屏景区、温泉景区、松谷景区，风光旖旎，美不胜收。黄山处于亚热带季风气候区内，由于山高谷深，气候呈垂直变化。同时由于北坡和南坡受阳光辐射的差异大，局部地形对其气候起主导作用，形成云雾多、湿度大、降水多的气候特点。黄山气候宜人，是得天独厚的避暑胜地。黄山是美的综合体，明代地理学家徐霞客两次登上顶峰叹而赞之，昭示后人：“薄海内外之名山，无如徽之黄山，登黄山天下无山，观止矣！”后人据此又云“五岳归来不看山，黄山归来不看岳”。

黄山为中国三大名山之首（“三山五岳”中的三山是指传说中海上的三座仙山，分别为蓬莱、瀛洲、方丈。后来，三山被引申为中国三大名山，分别是安徽黄山、江西庐山、四川峨眉山。有关三大名山还有其他一些说法，比如由武夷山或雁荡山取代峨眉山）。黄山现已成为中国名山的代表，并与长江、长城、黄河并称为中华民族的象征。

黄山作为唯一的山岳风景区，入选全国十大风景名胜之一，被联合国教科文组织列入《世界文化与自然遗产名录》，还被评为首批国家 AAAAA 级旅游景区、国家重点风景名胜区、世界地质公园、国家地质公园。

世界遗产委员会这样评价：黄山，在中国历史上文学艺术的鼎盛时期（16 世纪中叶的“山水”风格）曾受到广泛的赞誉，以“震旦国中第一奇山”而闻名。

二、黄山地貌

黄山经历了漫长的造山运动和地壳抬升，以及冰川的洗礼和自然风化作用，形成了其特有的峰林结构。这里峰峰称奇，各有特色，各具神韵，历史上先后命名的有 36 大峰、36 小峰，山峰绝大多数都在海拔千米以上。黄山山体主要由燕山期花岗岩构成，花岗岩露出面积总共约占风景区面积的 80%，垂直节理发育，侵蚀切割强烈，断裂和裂隙纵横交错，长期受水溶蚀，形成瑰丽多姿的花岗岩洞穴与孔道。前山岩体节理稀疏，岩石多球状风化，山体浑厚多姿，后山岩体节理密集，多是垂直状风化，山体峻峭，形成了“前山雄伟，后山秀丽”的地貌特征。

三、黄山人文

1. 传说典故

黄山在中国唐代以前叫黟山，“黟”为黑貌，因为山上岩石多为青黑色，古人故名之。传说中华民族的先祖轩辕黄帝在完成中原统一大业、开创中华文明之后，来到这里采药炼丹，在温泉里洗澡，因而得道成仙。唐玄宗根据这个传说，下了一道诏书，将黟山改名为黄山，意思是这座山是黄帝的山，这一天还被唐玄宗钦定为黄山的生日。从那以后，黄山这个名字就一直沿用至今。

另外，黄山的故事传说也不胜枚举，如“李白醉酒”“仙人指路”和“仙女绣花”等广为传颂。

2．文化艺术

黄山是“黄山文化”的发祥地。明末清初的石涛，现代的张大千、傅抱石、刘海粟、李可染等名家，为中国的山水画宝库留下了珍贵的遗产，形成了黄山画派。“黄山画”是中国画历史长卷中辉煌的一章，更是黄山文化中的一颗璀璨的明珠。

古往今来，咏赞黄山的诗词歌赋不计其数，最早吟咏黄山的文学作品出现在唐代，最早记述黄山的游记在宋代。据不完全统计，从晚唐到清末，描写黄山的诗词歌赋就有近 3 万首。后人写黄山的诗文就为数更多，黄炎培、董必武、郭沫若、老舍等都有不少佳作流传于世。

3．遗迹

黄山在 1 000 多年的建设历史中，留下的古观寺庙、险塞关隘、游道平台、亭阁、桥梁、门坊等数不胜数。这些建筑已成为黄山文化景观不可缺少的部分。黄山现保存有古建筑近百座，摩崖石刻 200 处，总长 5 万多米的古“蹬道”，有石阶 36 000 级，连接着黄山各旅游景区和旅游景点。

黄山有丰富的第四纪冰川遗迹，主要分布在前山的东南部。典型的冰川地貌有苦竹溪、逍遥溪冰川移动刨蚀而成的“U”形谷，眉毛峰、鲫鱼背等处的“V”形谷和刨蚀残留的刀脊，天都峰顶三面冰斗刨蚀遗留下来的角峰，百丈泉、人字瀑、冰川谷和冰川支谷相汇成的冰川悬谷。逍遥溪到汤口、乌泥关、黄狮垱等河床阶地中，分布着冰川搬运堆积的冰碛石。传为轩辕黄帝炼丹用的“丹井”和“药臼”，也是由冰川作用形成的冰臼。

4．宗教文化

黄山与宗教有着密切的关系，唐代道教旧籍中，关于轩辕黄帝和容成子、浮丘公来山炼丹、得道升天的仙道故事，流传千年，影响甚广，至今还留下许多与之相关的峰名。现在黄山七十二峰中的轩辕峰、浮丘峰和容成峰，就是为纪念他们而命名的。道教在黄山建立较早的道观有浮丘观、九龙观等。明末以后，全山范围内已无道教活动的踪迹。据《黄山图经》记载，佛教早在南朝就传入黄山，历代修建寺庙近百座，黄山中历代佛教徒，能诗善画者众多，并都有佳作传世。

四、黄山风景名胜

1. 黄山四绝

黄山松以顽强、奇异著称于世，宛若黄山的灵魂；变幻莫测的云海，宛若黄山妩媚的风韵；奇形怪状的岩石，宛若黄山的风骨；终年喷涌的温泉，宛若黄山的脉脉温情。

（1）奇松

黄山到处都是花岗岩，而从这坚硬的花岗岩中，居然还能长出松树，不能不说是一奇了。黄山是松树的海洋，有“峰峰石骨峰峰松”之说。

黄山松，是在大自然优胜劣汰的法则下脱颖而出的天之骄子，是黄山的奇绝景观，位列“四绝”之冠。黄山百年以上的黄山松就数以万计，玉女峰下的迎客松成为黄山的象征。

黄山松是植物学上一个独立的品种，以黄山命名，分布于安徽等省，生长在海拔800米以上的高峰山顶、陡坡、山脊、裸岩等地段。黄山松生长环境十分艰苦，它以石为母，扎根于巨岩裂隙之中，因峭壁陡滑，雨水难留，为寻找水源，根部要不断潜入岩体深处有水的断层，所以根的长度往往超过树身数倍，此外，根部还要吸收岩石中的氮、磷、钾。因生长速度异常缓慢，一棵高不盈丈的黄山松，往往树龄上百年，甚至数百年。就这样，黄山松立足在坚固的岩石上，根深叶茂，四季常青。

黄山松的千姿百态与黄山的自然环境有着很大的关系。黄山松大部分是依峭壁而生的，由于植物天生的喜光、向阳和求取水分的本能，使得黄山松的树枝都明显向一边倾斜。正是受地理环境和阳光、云雾、风霜等气候条件的影响，黄山松姿态坚韧傲然、美丽奇特，构成了独特的景色，如图1—9所示。

黄山松是黄山自然景观的重要组成部分，可以数出名字的松树成百上千，棵棵均独具魅力。

a）

b）

图 1—9　黄山松

a）迎客松　b）探海松　c）麒麟松　d）黑虎松　e）团结松　f）蒲团松　g）送客松　h）连理松

（2）怪石

黄山险峰林立，各种巧石怪岩形态万千，犹如神工天成，形象生动，有名称可指的巧石多达 120 余处，飞来峰（见图 1—10）就是其典型代表之一。这些巧石怪岩，大的就是一座山峰，如仙桃峰、笔峰、老人峰等，小的如同盆景古玩，如猴子观海上的“猴石”、鳌鱼吃螺蛳中的“螺蛳石”等，块石大小均在 3 米以内，妙趣横生。

有的怪石因观赏角度不同，景致也随之变化，具有移步换景的奇趣。如天都峰上的“金鸡叫天门”（见图 1—11），由天门坎回首东望，石景变成了“五老上天都”（见图 1—12）。再如石门溪旁的“喜鹊登梅”（见图 1—13），若从皮蓬的入口处观赏，则变成了“仙人指路”（见图 1—14）。

有的怪石因云海的出现而呈现不同的景观，万里晴空时是“猴子望太平”（见图 1—15），云雾弥漫时则是“猴子观海”（见图 1—16）。

图 1—10　飞来峰

图 1—11　金鸡叫天门

图 1—12　五老上天都

图 1—13　喜鹊登梅

图 1—14　仙人指路

图 1—15　猴子望太平

图 1—16　猴子观海

黄山怪石巧夺天工，或形似，或神似，惟妙惟肖，妙趣横生，形神兼具的命名，更给静态的石景赋予了活力。

黄山怪石的命名，既具不同的含义，也饶有趣味。有的酷似珍禽异兽，诸如“猴子望太平”“松鼠跳天都”“鳌鱼驮金龟”“乌龟爬山”；有的宛如各式人物，诸如“仙人下棋”“天女绣花”“夫妻谈心”“童子拜观音”；有的形同各种物品，诸如“梦笔生花”“笔架峰”“仙人晒靴”“飞来钟”；有的又以历史故事、神话传说而命名，如“苏武牧羊”“太白醉酒”“武松打虎”“达摩面壁”等；有的则体现了中华民族传统文化的道德观念，如“关公挡曹”（体现的是“义”）“周王拉车”（体现的是“礼”）“孔明借东风”（体现的是“智”）“武松打虎”（体现的是“勇”）“介子背母”（体现的是“孝”）“苏武牧羊”（体现的是“节”）等。

（3）云海

飞云漫铺，群峰浮海，是黄山的一大奇观。云海是山岳风景区的重要景观，而黄山云海（见图 1—17）更为千山之最，是黄山最引人入胜的景观之一。

图 1—17　黄山云海

地貌在云海的形成中起了非常重要的作用。黄山山高谷低，林木繁茂，日照时间短，水分不易蒸发，因此湿度大，水汽多。雨后天晴，低温高压，谷底水汽凝成云雾，弥漫山谷，形成云海。每年的冬春季节，因为冷空气活动频繁，在雨雪天气后，常常出现大面积的云海。黄山的地形复杂多变，云海的变化也多姿多彩。日出和日落时出现的霞海，光华绚丽，色彩斑斓。黄山特有的云雾翻卷、云顶平整、山峰顶尖微露的壮观景象，就是气象景观和地貌景观巧妙组合的结果。

黄山因山大峰高、谷深林密和雨水充沛等自然条件，一年四季均有云海可观，故黄山又称“黄海”。黄山一年之内，有三分之二的时间都在云蒸霞蔚之中，年平均雾日达200 天左右。

黄山云雾初起时，一般以沟谷为源地，向外扩展、蔓延，渐而成“海”。黄山云海划分为东、西、南、北、天五个无严格界线的“海域”，号称“五海”，分别是玉屏楼观南海、清凉台望北海、排云亭看西海、白鹅岭赏东海、光明顶眺天海。

（4）温泉

黄山有泉 15 处，其中被称为黄山“四绝”之一的温泉（古称汤泉、灵泉，又名朱砂泉、汤池），位于黄山紫云峰下，泉水异常清澈，外旱不涸，久雨不溢。

黄山温泉自古以来就被人们当成一股神秘之水，是非同凡响的一处名泉。据科学测定，泉水终年温度在 42℃左右，而且还会随气温、降水量的变化而变化。泉水清澈甘醇，含有对人体有益的阴离子和人体所需的铝、镁、钾、钠、钙等多种微量元素，水质纯正，温度适宜，可饮、可浴、可医，对消除登山疲劳有显著的效果。

传说中华民族的始祖轩辕黄帝曾在此沐浴，皱纹消除，返老还童，沐浴七七四十九日羽化升天。黄山温泉因此名声大振，被称为“灵泉”，自唐代开发以来，已享誉千年。

黄山温泉的源头，相传来自朱砂峰，峰下有洞，洞中产朱砂，因此，人们也就把黄山温泉称为“朱砂泉”。又传说，黄山温泉每隔 300 年要流一次朱砂红水，《黄山志》里就有记载。

清朝所著《黄山领要录》中记载，“天下泉不借硫而温者有三：骊山以矾石，安宁以碧玉，黄山以朱砂”。黄山温泉与骊山的华清池、安宁的碧玉泉并称为我国温泉的“三奇”。

如今黄山温泉已得到充分利用，造福中外游人。温泉浴室和室内温泉游泳池可使疲劳顿消。

2．黄山日出

黄山山势高峻，千峰万壑，云海常铺，是观日出的好地方。如果观日出的位置合适，旅游者可以看到一株黄山松的剪影正落在红亮的圆盘之中，饱览“红日峰间出，奇松日中生”的奇景，如图 1—18 所示。

a）

b）

图 1—18　黄山日出

a）清凉台前观日出　b）云涛汹涌托日出

3．黄山四季

黄山春光以妩媚动人见长。盛夏季节黄山是一个理想的避暑胜地。夏天的黄山日出更为壮观。暴雨过后，黄山飞瀑、流泉水量增大，俨然成了水的世界。徐霞客这样赞赏黄山秋景："枫松相间，五色纷披，灿若图绣。"

冬天是黄山一年四季中最美的季节。黄山云雾绝大多数出现在冬季。黄山冬日雪景尤为壮观，奇松出现"雾凇"绝景（见图1—19），怪石则因雪的覆盖而更显嶙峋。一年中，黄山全山平均积雪约50天，风停雪止之后，到处是银装素裹、巧石如玉、银峰闪光的奇妙景色。冬日黄山更有佛光等幻象。冬雪为黄山增添了无穷的魅力。

图1—19　黄山雾凇

4．黄山奇峰

黄山以三大主峰为中心向四周铺展，跌落为深壑幽谷，隆起成峰峦峭壁，呈现出典型的峰林地貌。黄山海拔1 000米以上的山峰有88座。

（1）三大主峰

1）莲花峰。莲花峰（见图1—20）是黄山主峰，位于黄山中部。徐霞客是指出莲

图1—20　莲花峰

花峰为黄山最高峰的第一人。莲花峰也是华东地区第三高峰，由于主峰突兀，小峰簇拥，宛若新莲初开，仰天怒放，故名“莲花峰”。

莲花峰顶有一奇观，就是绝顶四周的铁索上挂满了各式各样的连心锁，以示永结同心。莲花峰上有著名的黄山杜鹃花。

宋代吴龙翰等三人著的《黄山纪游》，为现存最早记载游莲花峰的文章，他们三人也成为有文字记载的第一批登上莲花峰的人。

2）天都峰。天都峰（见图1—21）位于黄山东南，西对莲花峰，古称“群仙所都”，意为天上都会，故取名“天都峰”。天都峰在黄山群峰中最为雄伟壮丽。

天都峰峰顶平如掌，有“登峰造极”石刻，中有天然石室。峰内有鲫鱼背、天桥、百丈云梯、松鼠跳天都、天上玉屏、童子拜观音、金鸡叫天门、二僧朝佛等景点。

“天都欲上路难通”“何年白日骑鸾鹤，踏碎天都峰上云”，可见登天都峰的艰险程度是难以想象的。唐代岛云和尚是现存文字记载中登上天都峰的第一人。

古人有诗赞曰：“任他五岳归来客，一见天都也叫奇。”天都峰是鸟瞰黄山壮丽全景的理想之处。

图1—21　天都峰

3）光明顶。光明顶（见图1—22）位于黄山中部，因为这里高旷开阔，日光照射时间长，故名光明顶。旅游者站在光明顶上，可观东海奇景、西海群峰，天都、莲花、玉屏等诸峰尽收眼底。明代在光明顶上建大悲院，现在其遗址上建有黄山气象站。光明顶由于地势平坦，所以是黄山看日出、观云海的最佳地点之一。

（2）其他山峰

1）始信峰。始信峰（见图1—23）雄踞险壑，竖立如削，三面临空，悬崖千丈，有“始信黄山天下奇”之誉。相传一古人持怀疑态度游山，到此始信黄山可爱，故名。黄山松的主要特征在始信峰的奇松上表现尤为突出。其中石笋矼号称“黄山第一奇观”。

图 1—22　光明顶

2）玉屏峰。玉屏峰（见图 1—24）位于黄山天都峰和莲花峰之间，峰前有巨石平台，称文殊台，台上有陪客松。玉石峰前左有青狮石、文殊洞和迎客松，峰壁巨岩高 36 米，其上“一览众山小”等摩崖石刻为书法和石刻艺术精粹。

图 1—23　始信峰

图 1—24　玉屏峰

5. 黄山水景

黄山因特殊的地理位置，构成了 36 条大峡谷，形成 36 源，汇流成 24 溪。山水迸泻，形成飞瀑，悬垂如链，溅珠喷玉，构成黄山最积极、最有生命力的景观。

黄山是钱塘江和长江两大水系的分水岭，水资源十分丰富。“人字瀑”“百丈泉”和“九龙瀑”被称为黄山的三大瀑布，此外，已命名的还有潭 20 处、泉 15 处、池 9 处。

（1）九龙瀑

九龙瀑（见图 1—25）为黄山三大瀑布之首，全长 600 多米，整条瀑布宛如九条飞龙起舞，古诗这样描写九龙瀑：“飞泉不让匡庐瀑，峭壁撑天挂九龙。”黄山九龙瀑以奇取胜：一奇，瀑九折，一折一瀑，一瀑一潭，形成九瀑九潭，瀑潭一体，兼有飞瀑和彩潭之双胜；二奇，地质结构奇特，冰川遗迹神秘；三奇，黄山之峰、石、松、云、水诸奇在九龙瀑景区汇集，别具风采，九瀑九潭又各有特色。

图 1—25 九龙瀑

（2）百丈泉

百丈泉（见图 1—26）位于云谷西路下山处，每当雨季，巨大的悬崖上瀑水奔流，直泻百米，犹如白绢长垂，疑是银河落地，气势不同凡响。观瀑亭是观赏此瀑布的最佳处。

（3）人字瀑

人字瀑（见图 1—27）位于紫石、朱砂两峰之间，瀑布一瀑两流，以 26° 夹角相交，形如“人”字。人字瀑长 50 米，宛如两条白龙飞奔岩下，声震山谷，溅珠喷玉，气势磅礴。瀑布中间的岩壁上，有明代登山石级，游人拾级而上，有如罗汉升天，故名罗汉级。桃花峰的观瀑楼，为观看人字瀑的最佳位置。

图 1—26 百丈泉

图 1—27 人字瀑

五、黄山动植物资源

黄山保存有高山沼泽和高山草甸，绿色植物荟萃，森林覆盖率为 56%，植被覆盖率为 83%。

黄山是中国南方的植物资源宝库，植物垂直分带明显，自下而上出现三个自然带景观，即温热带常绿阔叶林带、温暖常绿阔叶混交林带和温和落叶阔叶混交林带。黄山的野生植物有 1 452 种，蕨类植物 100 多种，苔类植物 200 多种，其中国家一类保护植物有水杉，国家二类保护植物有银杏等 4 种，国家三类保护植物有 8 种，还有石斛等 10 个濒临灭绝的物种，6 种为中国特有种，黄山特有的 2 种。首次在黄山发现或以黄山命名的植物有 28 种，尤以名茶“黄山毛峰”、名药“黄山灵芝”驰名中外。黄山古树名木众多，以古、大、珍、奇、多著称于世，又以黄山松最负盛名。天女花、黄山杜鹃、望春花等都是我国名贵的花木品种，其中石鱼和石耳属世间罕见。

黄山还是动物栖息和繁衍的理想场所，已知的有鱼类 24 种、两栖动物 20 种、爬行动物 38 种、鸟类 170 种、脊椎动物 300 种，主要珍禽异兽有白颈长尾雉、猕猴、短尾猴、梅花鹿、野山羊、云豹、八音鸟、白鹇鸟、相思鸟、娃娃鱼等。

景点 3：嵩　山

一、嵩山概况

嵩山为五岳之中岳，位于河南省登封市北郊，主要由太室山和少室山组成。这里山峦起伏，峻峰奇异，史称“七十二山峰”。

嵩山著名旅游景点有以少林武功闻名的少林寺、中国四大书院之一的嵩阳书院和中岳庙。

嵩山古生物化石资源十分丰富，既有海象生物化石，也有陆象生物化石，还有古脊椎动物化石，这些古生物化石是研究地质和古生物演化的宝贵资料。嵩山还蕴藏了丰富的煤、铝、铁、麦饭石等矿产资源。

嵩山区域居住有汉族、回族、普米族、白族、彝族、苗族、维吾尔族、蒙古族等民族，形成了多民族的大家庭。

嵩山还被评选为世界地质公园、首批国家 AAAAA 级旅游景区、第一批国家重点风景名胜区、第一批国家地质公园。

二、嵩山地貌

嵩山主要地质遗迹类型为地质（含构造）剖面。在一定范围内，连续完整地露出 35 亿年以来五个地质历史时期的地层，地层层序清楚，构造形迹典型，被地质界称为“五代同堂”，是一部完整的地球历史石头书。

嵩山主峰地区多由石英岩组成，加之构造运动所致，使主峰犹如拔地而起，奇峰异谷遍布全区，形成独特的地形地貌。嵩山保存着三次前寒武纪全球性地壳运动形成的沉积间断和地层角度不整合界面遗迹。

三、嵩山人文

嵩山除优美的自然风光外，更以星罗棋布的名胜古迹、亭台楼阁著称。山上名胜古迹众多，居五岳之冠，被誉为文物之乡。

嵩山是历代帝王将相封禅祭祀、文人学士游宴讲学、高僧名道及诗人墨客等游历、著书讲学或悟禅、隐居之地，在嵩山可以领略中华文明的进程。仰韶文化、龙山文化、三皇五帝、夏都阳城在这里都有遗址。嵩山峰多寺也多，有“上有七十二峰，下有七十二寺”之说。嵩山汇集儒、释、道三教，拥有众多的历史遗迹。苍翠清幽的法王寺、回环险绝的轩辕关、慧可断臂求法的立雪亭等，皆为中国人文风物的瑰宝。登立嵩顶峻极峰极目远眺，山麓名胜古迹星罗棋布。

四、嵩山风景名胜

1．中国六最

（1）禅宗祖廷——少林寺

少林寺（见图1—28）位于嵩山少室山北麓，建于北魏，唐贞观年间重修，唐代以后僧徒在此习武，少林寺名扬天下，有天下第一名刹的美称。千佛殿为少林寺最后一进大殿，也是少林寺现存最大的佛殿，殿内供毗卢佛，故又称毗卢阁。神龛后面北壁及东、西两壁，绘有“五百罗汉朝毗卢”大型壁画，构图严谨，形象生动，气势磅礴，世所罕见。殿内地面上，尚有48个脚坑，相传是当年寺内武僧练武所遗。

图1—28　少林寺

（2）少林寺塔林

少林寺塔林（见图1—29）是现存规模最大的塔林，在少林寺西面，是少林寺历代住持和有成就、有贡献的僧人的墓群。塔林现存自隋以来各代墓塔共232座，是研究少林寺从唐至清代发展兴盛和历代建塔制式、结构等的重要实物资料，具有很高的佛教研究、建筑、书法、雕刻艺术和旅游观赏价值。

（3）北魏嵩岳寺塔

嵩岳寺塔（见图 1—30）是现存最古老的塔，位于嵩岳寺内，始建于北魏。嵩岳寺塔为密檐式砖塔，塔下有地宫，是中国最古老的砖塔，也是全国古塔中的孤例。嵩岳寺塔历经 1 400 多年风雨侵蚀，仍巍然屹立，是嵩山的标志。

图 1—29　少林寺塔林

图 1—30　嵩岳寺塔

（4）汉三阙

汉三阙是现存最古老的阙，建于东汉，太室阙与少室阙、启母阙并称“中岳汉三阙”。太室阙是汉代太室山庙前的神道阙，阙身四面雕有表现人物、动物、建筑物等 50 余幅画，另有隶篆铭文，是研究我国历史的宝贵资料，也是书法雕刻艺术珍品。

（5）汉封“将军柏”

“将军柏”是树龄最大的柏树，相传汉武帝游山至嵩阳书院，见三株柏树高大茂盛，犹如威武挺拔的将军，遂封三株柏树为大将军、二将军、三将军。今存大将军柏和二将军柏，三将军柏毁于明末大火。

（6）现存最古老的观星台——元代观星台

观星台是元代的中心观测站，郭守敬曾经在这里重新观测了二十八星宿和其他一些恒星的位置，并编制了当时最先进的历法——授时历。

2．嵩阳书院

三教文化典型的代表嵩阳书院（见图 1—31）位于太室山南麓，它集儒、释、道于一体。

嵩阳书院前身为佛教寺院，创建于北魏，隋朝时改为道观，名嵩阳观。道教在融合佛教的基础上不断发展，唐玄宗建天封观。后来因道教活动场所的转移，儒教又在此安家落户。五代周时，将嵩阳、天封二观合建成书院，称为“太乙书院”，宋太宗时称“太室书院”，宋仁宗时易名为“嵩阳书院”。自此，嵩阳书院成了亦佛、亦道、亦儒的典型代表。嵩阳书院虽不突出供神像的大殿，但吸收了道教对祖先的崇拜，大殿中供奉着与书院有关的先贤圣师，现存建筑大体上保存了清代建置。

如今，嵩阳书院已成为历史胜迹，在这里可以见到历经数百年乃至上千年的珍贵文物古迹，如汉代将军柏、唐代石碑等。

图 1—31 嵩阳书院

3. 中岳庙

中岳庙为道教宫观，始建于秦，原名太室祠，唐宋时极盛。清乾隆重修中岳庙时，以北京皇宫为蓝本，按宫中的布局和建筑来设计，规模宏大，气势雄伟，为我国现存规模最大的古建筑群之一。中岳庙创建时，内设祠官专事祀典。西汉时，武帝游嵩岳，中岳庙得到了较大规模的发展。中岳庙占地 10 万平方米，大甬道是中岳庙古建筑群的中轴线，沿中轴线由南向北，由低而高，依次共 11 进。

图 1—32 中岳大殿

中岳庙的主殿为中岳大殿（见图 1—32），又称峻极殿，是全庙最大的殿宇，也是嵩山最大规模的建筑。该殿为重檐庑顶式建筑，殿内正座为 5 米高的中岳大帝塑像。明崇祯时，中岳大殿毁于火灾，清顺治时重建。中岳庙文物众多，有古柏、宋代铁人、金代中岳庙图碑、金代和明代铁狮、明代五岳真形图碑等。今日中岳庙规模宏伟，具有明清官式建筑的规模格局和风格特点，被列为全国重点文物保护单位。

景点 4：庐　　山

一、庐山概况

庐山位于江西九江，鄱阳湖与长江交汇处，是中国三大名山之一。庐山是一座地垒式断块山，自古命名的山峰有 171 座，高山流水形成了众多的激流和瀑布，以“雄、奇、险、秀”闻名于世。宋代诗人苏轼曾发出“不识庐山真面目，只缘身在此山中”的感慨。

庐山年平均雾日 191 天，每年 7—9 月平均气温 16.9℃。良好的气候条件和优美的自然环境，使庐山成为世界著名的避暑胜地。

庐山还是第一批国家重点风景名胜区、首批世界地质公园、第一批国家地质公园、首批国家AAAAA级旅游景区，并以世界文化景观列入《世界遗产名录》。庐山是世界上唯一同时拥有世界文化景观和世界地质公园荣誉称号的世界级名山。

联合国专家在庐山申报世界遗产时评价说，庐山的历史遗迹与人文景观以其独特的方式，融汇在具有突出价值的自然美之中，形成了具有极高美学价值的、与中华民族精神和文化生活紧密相连的文化景观。奇秀庐山，飞峙江湖，苍润高逸，其典型的中国东部第四纪冰川遗迹、珍贵的变质核杂岩构造、壮观的复合地貌综合了极高的地学价值，不仅在中国，而且在国际上都有十分重要的学术研究价值。庐山地质公园是地质遗址和历史、文化、植物、名胜的完美结合。

二、庐山地貌

庐山有地垒式断块山与第四纪冰川遗迹，还有第四纪冰川地层剖面和早元古代星子岩群地层剖面。20世纪30年代，地质学家李四光在庐山首先发现中国第四纪冰川遗迹，从而创立中国第四纪冰川学说。迄今为止，地质学家在庐山共发现100余处重要冰川地质遗迹，这些遗迹是中国东部古气候变化和地质特征的历史记录。

庐山以伸展构造为主体，伴随出现的断块山构造和变质核杂岩构造组成了庐山地学景观的又一特征。受新构造运动作用，庐山孤山屹立，大构造巍峨壮观，小构造千姿百态。

构造运动、冰川侵蚀、流水三种地质作用形成的复合地貌景观，是庐山地学上的另一大特征，它与植被和生物多样性一起构成了庐山雄、奇、险、秀的地学景观，具有极高的美学价值。

三、庐山人文

1. 宗教活动

五代十国时期，慧远在庐山建东林寺，开创净土宗，是东晋时南方佛教的中心道场。李白在《别东林寺僧》一诗中就写道："东林送客处，月出白猿啼，笑别庐山远，何烦过虎溪。"东林寺内的三笑堂和蹲伏在虎溪桥畔的石虎，为古刹增添了不少神秘色彩。

除此之外，庐山拥有藏传佛教、道教、伊斯兰教、基督教、天主教等宗教及教派的多座建筑，是一座集多种宗教于一身的宗教名山。

2. 庐山文化

公元前126年，司马迁"南登庐山"，并将庐山载入《史记》。东晋陶渊明、谢灵运等一批文化名人，在庐山进行了大量的文学艺术创作活动，使庐山成为中国田园诗和山水诗的诞生地、中国山水画的发祥地。此后，李白、白居易、苏轼、王安石等文学家、政治家、艺术家相继登临庐山生活、游览，写下 4 000 余首赞颂庐山的诗词歌赋。

蕴涵中西文化的庐山建筑驰名中外。从 19 世纪末到 20 世纪 30 年代，世界上 20 多个国家在庐山修建别墅近千栋，由此庐山被称为“万国公园”和“世界村”。

四、风景名胜

1．庐山山峰

（1）汉阳峰

汉阳峰为庐山最高峰，据说月明风清之夜在峰顶汉阳台可观汉阳灯火，故名“汉阳峰”。台前悬崖形同靠椅，据传大禹治水时，曾坐于此崖石之上俯视长江，由此得名“禹王崖”。

（2）含鄱岭

含鄱岭和对面的汉阳峰之间形成一个巨大的壑口，有一口汲尽鄱阳湖水之势，故得名。含鄱岭上有庐山观日出的胜地“望鄱亭”。

（3）五老峰

因山的绝顶被垭口所断，分成并列的五个山峰，从明代所建的海会寺仰视群峰，宛若席地而坐的五位老翁，故名“五老峰”（见图 1—33）。从各个角度去观察五老峰，山姿不一，有的像诗人吟咏，有的像武士高歌，有的像渔翁垂钓，有的像老僧盘坐，其中第三峰最险，第四峰最高，李白诗云：“庐山东南五老峰，青天削出金芙蓉。”

图 1—33　五老峰

五老峰由石英砂岩构成，参差悬空，棱角锋利，线条清晰，其雄伟险峻，浩荡神奇，为庐山诸峰之首。李白赞叹它：“余行天下，所游览山水甚富，俊伟诡特，鲜有能过之者，真天下之壮观也。”

（4）龙首崖

绝壁千丈，峡谷深不见底，一块巨石突出壁外，飞临深渊之上，酷似卧龙昂首，欲呼啸而去，故名“龙首崖”。它是庐山极具魅力的标志性景点之一。

图 1—34　三叠泉

2．庐山瀑布

“日照香炉生紫烟，遥看瀑布挂前川，飞流直下三千尺，疑是银河落九天。”庐山瀑布群是有历史的，历代诸多文人墨客在此赋诗题词，赞颂其壮观雄伟，给庐山瀑布带来了极高的声誉。古人云：“匡庐瀑布，山川绝胜。”庐山之美，瀑布居首。

（1）三叠泉

三叠泉（见图 1—34）位于五老峰以东的山谷中，又称三星泉、水帘泉。三叠泉汇五老峰、大月山之溪水，沿陡崖折成三叠飞流而下，总长达 300 余米，上叠如飘雪拖练，中叠如碎玉摧冰，下叠如飞龙跃潭。泉水从山头凌空下泻，宛如一幅水帘悬挂长空。

南宋时三叠泉被发现，是“庐山第一奇观”，有“未到三叠泉，枉为庐山客”之说。三叠泉是庐山众多瀑布中气魄最雄伟、姿态最秀丽的奇景，故有“匡庐瀑布，首推三叠”之说。

（2）其他瀑布

石门涧瀑布是庐山西部最长、最宽、气势最壮观的瀑布，也是庐山最早被载入史册的瀑布。

庐山其他主要的瀑布群还有黄龙潭和乌龙潭瀑布、王家坡双瀑和玉帘泉瀑布等。

3．庐山植物园

庐山植物园总面积 4 000 余亩，分松柏区、草花区、药圃、岩石园、茶园、猕猴桃园、国际友谊杜鹃园、自然保护区及温室和苗圃等。园中汇集了中外植物 3 400 余种，其中国家保护的珍稀濒危植物 90 余种。全世界松柏类植物一共有 600 多种，这里就拥有 240 多种，被誉为中国和世界松、柏、杉、桧的活标本园。庐山植物园是著名的亚高山植物园，也是中国第一座正规的、供科学研究的植物园。

4．白鹿洞书院

白鹿洞书院始建于唐代。宋代时，理学家、教育家朱熹重建院宇，在此亲自讲学，并奏请赐额及御书，吸引了海内外知名学者皆来此地讲学，名声大振，成为宋末至清初几百年“讲学式”书院的楷模，是当时我国一个文化中心，是我国最早的高等学府之一。白鹿洞书院与睢阳书院、嵩阳书院、岳麓书院合称“四大书院”，被誉为我国高等教育的“书院之源”。书院群山环抱，泉清石秀，古树参天，茂林修竹，环境优美。书院外有众多景观，溪涧怪石嶙峋，附近镌有诗词若干，其中有朱熹书刻的“白鹿洞”“枕流”和“自洁”等字。

景点5：武　夷　山

一、武夷山概况

武夷山风景区位于福建省武夷山市，武夷山脉北段东南麓，是我国著名的游览胜地。它以赤壁丹崖、青山绿水闻名，号称“奇秀甲东南”。

武夷山景区主要景点为九曲溪、大王峰、玉女峰，划分成东部自然与文化景观保护区、中部九曲溪生态保护区、西部生物多样性保护区和城村闽越王城遗址保护区等4个保护区，按景区划分为武夷山城村古汉城景区、一线天虎啸岩景区、武夷山大峡谷生态公园、天游景区、武夷宫景区、莲花峰遇林亭窑址景区和水帘洞大红袍景区。

武夷山已被列入世界生物圈保护区、国家级自然保护区、国家重点风景名胜区、首批国家 AAAAA 级旅游景区，还被联合国教科文组织列入《世界遗产名录》。

世界旅游组织执委会主席游览考察武夷山后，题词赞扬“未受污染的武夷山风景区是世界环境保护的典范”。联合国教科文组织到武夷山进行世界自然和文化遗产标准实地考察评估时，形容武夷山是“中国的奈良”，并题词赞赏“武夷山是中国人民永续利用自然资源的永久性象征”。武夷山不仅是“罕见的自然美的地带”和“尚存的珍稀或濒危动植物的栖息地”，同时又是“一种已消逝的文明的见证”和“具有特殊普遍意义的传统思想的发源地之一”。武夷山被列为世界自然与文化遗产是当之无愧的。

二、武夷山地貌

武夷山主要分布着变质岩、火山岩、花岗岩和碎屑岩。

武夷山地区经历了漫长的地质演变过程，在中生代晚期，强烈的火山喷发活动，继之以大规模的花岗岩侵入，其后河湖相沉积，成为研究我国东部侏罗—白垩纪地层及时代划分的典型剖面。红色砂砾岩是形成丹霞地貌的主体。

受地质构造的严格控制，武夷山西部发育了断裂谷和断块山脊，断裂谷与断裂构造产生了曲折多弯的溪流和柱状、锥状、悬崖等丹霞地貌，形成山水相融的九曲溪风光。

武夷山丰富的地貌类型是地质构造、流水侵蚀、风化剥蚀、重力崩塌等综合作用的结果，它是我国同类地貌中山体最秀、类型最多、景观最集中、山水结合最好、视域景观最佳的自然景观。

三、武夷山人文

武夷山的文明史可以追溯到4 000多年前。古闽人在武夷山劳作生息，如今存放在十多处崖洞中的“架壑船棺”，是国内外发现的最早悬棺。

儒、释、道三教同山是武夷山独特的文化现象。武夷山是朱子理学的摇篮，是现今世界研究朱子理学的基地。朱熹在武夷山从学、著述、讲学长达 50 多年，是我国古代继孔子之后的最有影响的思想家、哲学家、教育家。其思想作为封建社会后期的正统思想，统治中国 700 多年。武夷山与朱子理学的历史文化地位被描述为“东周出孔丘，南宋有朱熹，中国古文化，泰山与武夷”。清朝康熙御书“学达性天”颂赐宋儒朱熹，匾额悬挂于朱熹亲手创建的武夷精舍（紫阳书院）。武夷山是道教三十六洞天之十六洞天，称为“升真元化洞天”。武夷山又是佛教“华胄八小名山”之一，早在唐代就建寺山中，北宋有伏虎禅师等在此建寺修行，现有古刹天心永乐禅寺。

至今，山间仍保存着宋代六大名观之一的武夷宫、武夷精舍、遇林亭古窑址、元代皇家御茶园、明末清初农民起义军山寨等。武夷山中的摩崖石刻数以百计，这些都是武夷山古代文明的历史记载。

四、武夷山风景名胜

1．九曲溪

自古山以水秀，武夷之水精华在九曲溪。九曲溪全长 19.5 千米，一曲一景，曲曲景相异，构成了武夷山水之胜。游人凭借一张竹筏顺流而下，不仅能领略有惊无险的情趣，而且抬头可见山景，俯首能赏碧波，侧耳可听水声，伸手能触清流。

九曲溪的次序是逆流而数的。武夷宫前为“一曲”，这里大王峰巍然雄踞，主要景点有铁板嶂等。过铁板嶂，从浴香潭北上是“二曲”，玉女峰成为武夷山的象征。峰回路转，溪水依南而流，形成一个弯环，这是“三曲”，小藏峰危崖峭壁，崖际“船棺”凌空悬架。大藏峰下一泓溪水为卧龙潭，这一段为“四曲”，溪畔有元代御茶园。过卧龙潭是“五曲”，“五曲”是武夷山风景的缩影，有隐屏峰、接笋峰、武夷精舍等。沿溪北上到老鸦滩为“六曲”，“六曲”仅一泓溪水，有天游峰。过老鸦滩到百花庄附近的獭控滩是“七曲”，溪北的三仰峰，是武夷山风景区中最高峰。芙蓉滩东西为“八曲”，夹溪两岸，奇峰环拱，怪石嶙峋，状如动物，宛如水上动物园。从峭岩附近的浅滩到齐云峰下的星村镇是“九曲”，朱熹在《九曲种歌》中吟道：“九曲欲穷眼豁然，桑麻雨雾见平川，渔郎更宽桃源路，除是人间别有天。”

九曲清溪，奇峰倒映，宛如一幅绝妙的丹青画图，如图 1—35 所示。

2．武夷奇峰

（1）大王峰

大王峰又称纱帽岩、天柱峰，雄跨九曲溪口，是进入武夷山的第一峰，海拔 530 米，在武夷三十六峰中有“仙壑王”之称。东壁岩洞内有虹桥板跨空，船棺架临其上，历数千年而不朽。南壁悬崖峭壁，仅一条狭小的孔道，可供登临峰巅。峰顶古木参天，

图 1—35　九曲溪

有天鉴池、投龙洞、仙鹤岩、升真观遗址诸胜。投龙洞相传为宋代屡遣使者投送“金龙玉简”的地方。

（2）玉女峰

玉女峰与大王峰隔溪相望，铁板嶂横亘其间。玉女峰下的浴香潭，相传是玉女沐浴的地方。潭中的“印石”是大王送给玉女的定情信物。玉女峰东侧有圆石如镜，光洁照人，相传是玉女的梳妆台。壁间“镜台”二字，是武夷山最大的摩崖石刻。“插花临水一奇峰，玉骨冰肌处女容”，是玉女峰风采神韵的真实写照。

五、武夷山动植物资源

武夷山自然保护区里，目前已知植物 3 728 种，如珍稀的鹅掌楸、银杏、南方铁杉、武夷蹄盖蕨、880 年的宋桂、980 年的南方红豆杉等，其中被列入珍稀濒危物种的就达 28 种，冠以“武夷”的就有 20 多种，如武夷铁角蕨等。武夷山风景区还有双竿竹、方竹、建兰等罕见的竹木、奇异的花卉和名贵的药材。武夷的情趣在于茶，武夷岩茶以其“药饮兼具”的功效名扬四海，是世界四大茶类的中小叶种代表，是乌龙茶的鼻祖。其悠久的历史、优异的品质、独特的岩韵、蕴涵的高雅情趣形成了“武夷茶艺”。

目前，武夷山已知的动物有 5 110 种，被列入国际濒危物种的有 46 种。中外生物学家把这里喻为“研究两栖爬行动物的钥匙”“鸟类天堂”“昆虫世界”和“蛇的王国”。早在 19 世纪中期，英、美、德、法的生物学家就到这里采集了大量的标本，如今在伦敦、纽约、柏林、巴黎等著名博物馆中仍有保存。

景点 6：雁　荡　山

一、雁荡山概况

雁荡山风景区在北雁荡山（雁荡山分为南雁荡山、中雁荡山、北雁荡山），位于浙江省温州市北部乐清境内，素有“海上名山”“寰中绝胜”之美誉，史称“东南第一山”。雁荡山因“岗顶有湖，芦苇丛生，结草为荡，秋雁宿之”，故而山以鸟名。

雁荡山风景奇特险峻、瑰丽多姿，以峰、洞、岩石、瀑、泉、门、嶂称胜。雁荡山有着独特的品格，“日景耐看，夜景销魂”，“观山景，尝海鲜”，“一景多变，移步换形”，这是它区别于中国其他名山大川的三大特色。三顾雁荡的徐霞客曾掷笔而叹，“欲穷雁荡之胜，非飞仙不能！”据说最早叩问雁荡之门的著名文人是南朝大诗人谢灵运。

北雁荡山以奇峰、瀑布著称，景点550多处，分为灵峰、三折瀑、灵岩、大龙湫、雁湖、显胜门、仙桥、羊角洞等8个景区，主要景点是“二灵一龙”。

雁荡山被列为首批国家AAAAA级旅游景区、世界地质公园、首批国家重点风景名胜区、中国十大名山之一。

二、雁荡山地貌

雁荡山形成于1.2亿年前，是一座典型的白垩纪流纹质古火山，是研究流纹质火山岩的天然博物馆。雁荡山一山一石记录了火山爆发、塌陷、复活、隆起的完整地质演化过程，享有“古火山立体模型”的美誉。

三、雁荡山风景名胜

1．灵峰景区

灵峰景区为雁荡山的东大门，它以悬崖叠嶂、奇峰怪石、古怪石室、碧潭清润而著称。两大奇洞——观音洞、北斗洞为游人所必至。合掌峰是雁荡山的代表景观之一，峰内的观音洞建有九叠危楼，建筑极具匠心，与天然洞穴之美融为一体，为雁荡山第一洞天。

（1）合掌峰

合掌峰（见图1—36）位于雁荡山灵峰景区内，由灵峰与依天峰合成，夜色中的合掌峰，变化多姿。在灵峰寺西南角翻身仰望合掌峰，它恰似大地母亲高高隆起的胸部，

图1—36　合掌峰

俗称“双乳峰”。往前移动几步，从合掌峰左侧观看，恰似一个娉婷少女依偎在右边的山峰上，人们就称她为“相思女”。再走到寺宇屋檐前仰头后望，相思女又变成了一只敛翅高蹲的雄鹰。当移步灵峰花园东侧看合掌峰时，留在眼前的是一对紧紧相偎、窃窃私语的情侣，这就是驰名中外的“夫妻峰”，也叫“情侣峰”。

（2）灵峰夜景

雁荡山的奇峰怪石，不但从高低远近、不同角度可看到不同形态，在不同时间也可看到不同奇景。夜景在雁荡山触目可见，而灵峰夜景最为集中和神奇，移步换形，变幻多姿。超云峰顶，有景曰“少女望星空”，也唤“少女凝星”或“睡美人”。站在公路上再看此峰，此景又叫“鲤鱼跳龙门”了。从塔头岭向南观看双笋峰，前峰露出的部分变为老婆婆的发髻，后峰变为老婆婆的整个脸部。在塔头岭小坡上看金鸡峰时，金鸡峰却化成了一个探头窥看“夫妻峰”的顽皮牧童。

2. 灵岩景区

灵岩景区被视为雁荡山的“明庭”，周围群峰环绕，环境清幽。灵岩寺后有屏霞嶂，前有高达 260 米的天柱、展旗两峰对峙，称为南天门。灵岩寺左侧有天窗洞，往上为莲花洞。灵岩寺后还有龙鼻洞、小龙湫瀑布。

灵岩寺是雁荡十八古刹之一，有殿宇、禅房百余间，号称“东南首刹”，始建于北宋，因寺境山水灵秀，赐额“灵岩禅寺”。

3. 大龙湫景区

大龙湫景区位于雁荡山中部，景点包括大龙湫瀑布、能仁寺、筋竹涧等几部分。能仁寺曾列雁荡山的十八古刹之首。筋竹涧是一原始谷地。大龙湫周围还有 20 多处摩崖石刻。

我国四大瀑布为雁荡山大龙湫、贵州黄果树瀑布、黄河壶口瀑布、黑龙江吊水楼瀑布，其中大龙湫以其 197 余米的落差居首，素有“天下第一瀑”之誉。大龙湫的水是从雁荡山最高峰百岗尖上下来的。大龙湫的最奇绝之处，在于瀑布的景观一年四季因季节、晴雨等变化各不相同。阳春三月，大龙湫从嶂顶飘泻下来，不到几丈，就化为烟云，有诗曰：“五丈以上尚是水，十丈以下全为烟。”盛夏季节，雷雨初过，它以排山倒海之势，从半空中猛扑下来，直捣潭心。秋冬，雨水稀少，瀑布如珠帘下垂，落到一定高度，又化为水雾，雾随风飘转，上下翻腾，当阳光照射的时候，可以看到五色长虹的奇观。曾有人发出这样的感慨：“欲写龙湫难着笔，不游雁荡是虚生。”

景点 7：峨　眉　山

一、峨眉山概况

峨眉山位于四川省峨眉山市，是大峨山、二峨山、三峨山的总称，被誉为“震旦第一山”。

峨眉山巍峨、秀丽、古老、神奇。它以优美的自然风光、悠久的佛教文化、丰富的动植物资源、独特的地质地貌著称于世。峨眉山是我国著名的“仙山佛国”旅游胜地，是一个集自然风光与佛教文化于一体的国家级山岳型风景名胜区，还是人们科学考察和休闲避暑的胜地。

峨眉山自古有“峨眉天下秀”的美称。清代，峨眉山佳景被概括为十景：罗峰晴云、圣积晚钟、双桥清音、洪椿晓雨、白水秋风、九老仙府、象池夜月、灵岩叠翠、大坪霁雪和金顶祥光。峨眉山旅游区域分成高山游览区、中山游览区和低山游览区，按物种又分成高山杜鹃保护区、冷杉保护区、桢楠保护区、珙桐树保护区和野生猴生态区。

峨眉山是第一批国家重点风景名胜区，中国旅游胜地四十佳之一，并名列中国三大名山。它还被评为十大名山之一、首批国家AAAAA级旅游景区，同时被联合国教科文组织列入《世界遗产名录》。峨眉山被称赞“具有较高的美学价值”，一山而具形态美、动态美、色彩美、听觉美、意境美“五种美感”。

二、峨眉山地貌

地质学上称峨眉山为“峨眉断块带”，是一座悬崖峭壁众多的断块山。峨眉山经历无数次强烈的地壳运动，形成了多种类型的地质构造，因此被誉为“地质博物馆”。

峨眉山处于四川盆地西南边缘向青藏高原过渡的地带，多样的地貌类型造就峨眉山雄秀神奇的自然地貌景观：东部山势较低，形如锦屏；中部群峰耸峙，如林间春笋；西部山势巍峨，雄伟壮观。景区内山形古雅神奇，雄秀挺拔，气候独特多变，花木繁多，具有春荣、夏丽、秋幽、冬静的特点，素有“一山有四季，十里不同天”之妙喻。

三、峨眉山人文

1．峨眉山文物

峨眉山不仅积累了丰富的佛教文化瑰宝，也遗存了大量珍贵的文物。峨眉山的佛教文物品类繁多，现有文物古迹164处，寺庙、博物馆的藏品有6 890多件，其中属于国家级保护文物的就有850多件，它们都具有极高的文化和艺术价值。寺庙中的佛教造像有泥塑、木雕、玉刻、铜铁铸、瓷制等，造型生动，工艺精湛。另外，贝叶经、华严铜塔、圣积晚钟、金顶铜碑和普贤金印均为珍贵的佛教文物。峨眉山佛教音乐丰富多彩，独树一帜。这些丰富的佛教文化遗产是中华民族文化宝库中的瑰宝。

2．峨眉山文化

峨眉山的秀美神奇吸引着历代文人学士，著名诗人李白、苏轼、陆游等都留下不少赞美峨眉山的优美诗篇，千古传颂。

3．佛教圣地

公元1世纪中叶，佛教经南丝绸之路由印度传入峨眉山。6世纪中叶，世界佛教发展重心逐步由印度转向中国，四川一度成为中国佛教的中心，佛寺的兴建便应运而生，历史上寺庙最多时曾达100多座。8世纪，禅宗独盛，全山禅宗一统。9世纪中叶，宋太祖赵匡胤铸造巨型普贤铜佛像供奉于万年寺内，成为峨眉山佛像的精品，文化、艺术价值极高。千百年来，峨眉山这个“佛国圣地”便以“普贤道场”之名成为中国佛教四大名山之一，是人们朝山拜佛、研修佛学的名山圣地。近2 000年的佛教发展历程，给峨眉山留下了丰富的佛教文化遗产，使峨眉山逐步成为影响中国乃至世界的佛教圣地。峨眉山景区内现有寺庙30余处，如简朴奇巧的雷音寺、由三重石阶做三次空间跌落的纯阳殿、“因形取势，借物之意”的遇仙寺、目前最大的寺庙伏虎寺、具有园林建筑特色的清音阁、建有无梁砖殿的万年寺、有“象池月夜”之美景的洗象池，以及洪椿坪、接引殿、太子坪、卧云庵等。

4．峨眉武术

峨眉武术与少林、武当并列为中华武术的三大流派。峨眉武术是历史悠久、创派最早的武术流派，是中华武术的发源地。

峨眉武术起源于春秋战国时期，魏晋时期峨眉山形成气功，6世纪形成“峨眉派武术”。明代和清代，峨眉派武术进入鼎盛时期。峨眉派中有一种独特的器具——峨眉刺。

四、峨眉山风景名胜

1．峨眉山五大奇观

（1）日出

夏季的早晨6点左右，冬季的早晨7点左右，在海拔3 077米的峨眉山金顶，可居高望远观日出景象。

（2）云海

早上的9点到10点，下午的3点到4点，是峨眉山观云海的时间。

（3）佛光

所谓佛光是一种光的自然现象，是阳光照在云雾表面经衍射作用而形成的，峨眉佛光（见图1—37）出现在金顶。当阳光从观察者背后照射过来至云海上面时，深层的云层就把阳光反射回来，经浅云层的云滴或雾粒的衍射分化，形成了一个巨大的彩色光环，在金顶舍身岩上俯身下望，会看到五彩光环浮于云际，自己的身影置于光环之中，影随人移，绝不分离。无论多少人，人们所见的也只有自己的身影，且“光环随人动，人影在环中”，这便是令人惊奇的峨眉佛光。

图 1—37　峨眉佛光

分析峨眉佛光的成因可知，它的出现要具备三个条件：一是山顶晴朗无风，二是云海顶面平荡，三是太阳光斜射。

佛光因色调、形状、大小的不同，有各种不同的名称，如有水光、辟支光、童子光、金桥、清现、反现、大现、小现等。

据载，峨眉山佛光每月均有出现，夏天和初冬出现的次数最多，最多时全年可达 100 次左右。“朝看西午看东”，看神奇的佛光，最佳时间是早上 9 点到 10 点或下午 2 点到 5 点，最佳地点是睹光台和舍身岩。

（4）圣灯

圣灯又名佛灯，在金顶无月的黑夜，舍身岩下常出现飘浮的绿色光团，从一点、两点形成千万点，似繁星闪烁跳跃，在黑暗的山谷中飘忽不定，古时被人们赞为“万盏明灯朝普贤”。圣灯现象极为奇特，其原因有三种说法：一说是山谷的磷火，又说为萤火虫发的光，另一种说法是某些树木上有一种密环菌，当空气中的湿度达到 100% 时便会发光。

（5）金殿

明代在峨眉山最高处建“大峨山金殿”，因其瓦、柱、门、棂等皆为铜质渗金，在阳光照耀之下，金光灿烂，整个建筑群金碧辉煌，故俗称“金殿”。

2. 峨眉山代表性旅游景点

（1）双桥清音

清音阁为峨眉山传统十景之一，是一处独具建筑风格的山水园林式寺庙，以寺为中心组成一幅天然山水图。在清音阁下方有一接王亭，左、右两江分别为白龙江、黑龙江，二江之上的拱桥状如彩虹，凌空跨越，名“双飞桥”。二江汇合之处名凤凰嘴，上有牛心亭，朱栏红柱，凭栏可观亭下有一黑色巨石，状如牛心，上流二江绕石环流，水击石上，银花飞溅，清响山谷，恰似抚弄古琴，故名“双桥清音”，被誉为峨眉山第一胜景。

（2）金顶

金顶是峨眉山主峰，又称万佛顶，海拔 3 000 多米。在峨眉山金顶有时还可以看到佛光。

（3）象池夜月

象池夜月位于峨眉山中部，相传是普贤菩萨洗浴白象的地方。这里山高气爽，以清绝的月夜景色最为动人。

（4）报国寺

报国寺（见图 1—38）是峨眉山八大寺院之一，也是峨眉山佛教活动的中心，位于峨眉山风景区的入口。寺山门前有一对明代雕刻的石狮，山门上“报国寺”大匾是清康熙帝御笔。

图 1—38 报国寺

报国寺最初名叫“会宗堂”，建于明代，取儒、释、道三教会宗的意思。清初迁至现址，顺治时重修。康熙时根据佛经中“报国主恩”的意思，御赐“报国寺”名，同治时扩建。

报国寺中最珍贵的文物是明代大瓷佛和华严铜塔。大瓷佛像在七佛殿后，高 2.4 米。佛像底座为千页莲花，佛身披着千佛莲衣，暗含“一花一世界，千页千如来”的佛像经义。这尊瓷佛体量高大、比例匀称、线条优美、光彩熠熠，明代由江西景德镇烧制而成。华严铜塔又叫“紫铜华严塔”，坐落在大雄宝殿后的平台上，是我国现存铜器中的珍品。该塔铸造于明代，高 7 米。塔身分为上、下两部分，每部分各铸七层楼阁，全塔共分 14 级。塔上铸有精美的小佛像 4 700 尊和《华严经》全文，铸工精细。

（5）万年寺

万年寺（见图 1—39）是峨眉山八大寺院之一，它始建于东晋，当时叫普贤寺，宋代改名为白水普贤寺，明万历建无梁砖殿，改名为圣寿万年寺。万年寺砖殿为我国古代建筑的一大奇观，该建筑 400 年来经历了 18 次地震，依旧安然无恙，被誉为我国古建筑史上的奇迹。无梁砖殿内有宋代铸造的普贤菩萨骑六牙白象铜铸像一尊，高 7.85 米，重 62 吨，距今已有 1 000 余年的历史，堪称稀世国宝。

图 1—39　万年寺

（6）伏虎寺

伏虎寺（见图 1—40）为峨眉山八大寺庙之一，始建于唐代，南宋绍兴年间改建，清顺治年间由贯之和尚重建，历时二十载，重建后的伏虎寺为全峨眉山最大的寺庙。寺内有华严塔亭，中置明代铸造的紫铜华严塔一座，塔高 5.8 米，共 14 层，塔身铸有 4 700 余尊小佛像，塔体镌刻《华严经》文。华严铜塔以其时代久远、体形高大和铸造精良而居中国铜塔之最。

图 1—40　伏虎寺

3．峨眉温泉

峨眉山的温泉有两大特色：一是品种稀有，拥有世上稀有的氡温泉；二是规模最大，拥有中国最大的露天氡温泉。峨眉温泉水源来自地下 3 000 多米的深处，水量较大，水质较好，开采水温达 60℃，是少见的高温氡温泉，被称为“温泉中的贵族”。

五、峨眉动植物资源

峨眉山是一座天然的动植物乐园，拥有植物 5 000 多种，其中高等植物 3 200 多种，相当于欧洲植物物种的总数，占中国植物物种总数的 1/10，属国家首批列级保护植物的有 31 种，占全国列级保护植物总数的 10%，其中属全国一级保护植物的即有桫椤和珙桐两种，有 103 种植物以“峨眉”为词头命名。峨眉山植物在分布上有极为明显的垂直带谱，其四个植被带为常绿阔叶林带、常绿落叶阔叶混交林带、针阔叶混交林带、亚高山常绿针叶林与灌丛草甸。峨眉山具有世界上最典型、保存最好的亚热带植被类型，有原始的、完整的亚热带森林垂直带，是世界植物资源的重要宝库，被称为“植物王国”。古峨眉山就被称为“仙山药园”，拥有丰富的药用植物和药用动物，不少药用植物为珍稀名贵药材。其中，以“峨眉”为词头命名的中药材有 93 种，特有药用植物达 120 种以上。

峨眉山完美的生态环境为珍禽异兽提供了繁衍生息的乐园。峨眉山拥有 2 300 多种野生动物，其中，珍稀特产和以峨眉山为模式产地的有 157 种，属于国家首批列级保护动物的有 29 种。峨眉山的野生动物种类丰富，类型齐全，区系复杂，垂直分布明显，既有东亚类群，也有南亚类群，还有高原类群，是我国少见的集中分布区，而且是现存较好的动物种质基因库。峨眉山有名的保护动物有峨眉藏酋猴（见图 1—41）、枯叶蝶、峨眉髭蟾（见图 1—42）、黑鹳、弹琴蛙、小熊猫、峨眉山白鹇、蓝喉太阳鸟、红腹角雉等。峨眉山游人以喂猴、戏猴为乐趣，形成了峨眉山猴见人不惊、与人相亲、与人同乐的友好氛围，成为峨眉山一道活的景观。峨眉观猴已经成为游山必不可少的一项活动。

图 1—41　峨眉藏酋猴

图 1—42　峨眉髭蟾

景点8：武　陵　源

一、武陵源概况

武陵源风景区位于湖南西北部的武陵山脉中段，主要由张家界国家森林公园、索溪峪自然保护区、天子山自然保护区和杨家界风景区四部分组成。整个景区有“大自然迷宫”“天下第一奇山”之美誉。

武陵源独特的石英砂岩峰林属国内外罕见，其风景没有经过任何的人工雕琢，到处是石柱石峰、断崖绝壁、古树名木、云气烟雾、流泉飞瀑、珍禽异兽。置身其间，犹如到了一个神奇的世界和趣味天成的艺术山水长廊。

武陵源的水景类型齐全，异彩纷呈，包括溪、泉、湖、潭、瀑等，有“秀水八百”的美称。武陵源的溶洞数量多、规模大，极富特色。它还具有多姿多彩的气候景观，云雾是武陵源最多见的气象奇观，有云雾、云海、云涛、云瀑和云彩五种形态。

武陵源美在神秘，美在天然，与自然风光相映成趣的，是纯朴的田园风光。武陵源是土家族、白族、苗族等少数民族的聚居地，他们的文化与武陵源的大山、密林构成了一幅原生态画卷。

1982 年，国务院批准建立张家界国家森林公园，从而填补了中国无国家公园的空白，中国第一条漂流旅游线也在茅岩河开发推出。同年，张家界国家森林公园被列入国家重点风景名胜区、首批国家 AAAAA 级旅游景区、第一批国家地质公园，还被联合国教科文组织列入《世界遗产名录》、世界地质公园。

联合国教科文组织对武陵源的技术性评价：武陵源具有不可否定的自然美，因它拥有壮丽而参差不齐的石峰、郁郁葱葱的植被，以及清澈的湖泊、溪流，还有美丽无比的溶洞和阴河。

二、武陵源地貌

1．石英砂岩峰林地貌

武陵源共有石峰 3 000 多座，峰林（见图 1—43）造型若人、若神、若仙、若禽、若兽、若物，变化万千。

武陵源砂岩峰林岩层组织结构和岩石的稳定性为塑造千姿百态的峰林地貌形态和幽深峡谷提供了条件，加之多种外力的作用，山体经复杂的自然演化过程形成峰林，显示出高峻、顶平、壁陡等特点。

图 1—43　武陵源砂岩峰林

武陵源砂岩峰林的特点可以概括为五个方面，一是石峰石柱形神兼备，壮丽奇幻；二是石峰高度密集，多达 3 000 余座，成为真正的“峰林”；三是分布范围宽广，连绵成片，蔚为壮观；四是峰间沟壑纵横交错，配合峰林构成举世无双的绚丽图画；五是林茂水丰，苍翠连绵，既为砂岩峰林增添秀色，又为保持水土、减少雨水侵蚀破坏提供了良好条件。

2. 其他地貌

溶蚀地貌堪称“湘西型”岩溶景观的典型代表，主要形态有石林、地下河、岩溶泉等。溶洞主要集中于索溪峪河谷北侧及天子山东南缘，总数达 10 个，以黄龙洞最为典型，被称为“洞穴学研究的宝库”，在洞穴学方面具有游览和探险的特殊价值。剥蚀构造地貌分布于石英砂岩峰林景观外围的一带，还有河谷侵蚀堆积地貌。

天子山地层中的珊瑚化石，形如龟背花纹，故称“龟纹石”，是雕塑各种工艺品的上好材料。

三、武陵源风景名胜

1. 张家界风景区

张家界风景区主要由黄石寨风景区、腰子寨风景区、金鞭溪和金鞭岩风景区构成。张家界以岩称奇，这里 3 000 座奇峰拔地而起，形态各异。

黄石寨亦名黄狮寨，是张家界美景最为集中的地方，也是张家界最大的凌空观景台，主要观景点有 20 余处，故有“不上黄石寨，枉到张家界”之说。

金鞭溪是张家界的黄金游览线，全溪长 7.5 千米，因溪畔的金鞭岩而得名。金鞭溪的两边千峰耸立、树木繁茂、浓荫蔽日，奇花异草与珍禽异兽同生共荣，构成极为秀丽、清幽、自然的生态环境，被称为“世界最美的峡谷”和“最富有诗意的溪流”。

2. 索溪峪风景区

索溪峪风景区以山奇、水秀、桥险和洞幽著称于世，西有西海景区、天然植物园景区、十里画廊景区，南有百丈峡景区、宝峰湖景区、别有洞天景区，东有地下溶洞景区、一线天景区、白虎堂景区等。

（1）西海景区

西海景区是一个奇特的石林海洋，攀缘 72 级人工天梯，上天台俯瞰群峰和云海。

（2）十里画廊景区

十里画廊景区有三步一景之称，这里层层叠叠的岩峰个个显示出奇妙的形态，如“天狗望月”和“寿星迎宾”等石景，其中“众女拜观音”造型尤为逼真。

（3）黄龙洞

黄龙洞全长 7.5 千米，洞内分为四层，景观奇异，是武陵源最为著名的游览胜地之一，也是武陵源景区溶洞开放最早的一个，被誉为“中华神奇洞府，世界溶洞奇观”。黄龙洞属典型的喀斯特岩溶地貌，现已探明总面积 48 公顷，已开发的洞内景观面积约 20 公顷，垂直高度 140 米，内分两层旱洞、两层水洞。黄龙洞内洞中套洞，洞洞相通，洞中还藏有地下河，由石灰质溶液凝结而成的石钟乳、石笋、石花、石幔、石枝、石管、石珍珠、石珊瑚等洞穴景观遍布于洞中，以不同的形态展现着大自然的神奇。龙宫是黄龙洞中的精华。黄龙洞凭借其庞杂的洞穴结构、高大的石瀑布、广阔的洞内大厅，以及数量众多、姿态万千的石笋，在国内外的洞穴景观中独树一帜。

（4）水绕四门

“水绕四门”位于金鞭溪出口处，面积 20 公顷，四条溪流在这里汇合，四周峰峦叠翠，集奇、野、峻、险、幽、秀、巧于一体。

（5）鸳鸯瀑

鸳鸯瀑旱季时宽 5 米，雨季时宽 10 余米，瀑高 50 余米，一上一下两段飞泻。下边声若惊雷，气势磅礴；上边若银粉轻撒，缥缈如烟。

3. 天子山风景区

天子山风景区主要旅游景点有神堂湾、御笔峰、石船航海、一指峰、贺龙公园等。贺龙公园内有贺龙元帅铜像。

4. 杨家界风景区

相传北宋杨家将曾在天子山安营扎寨，后因战争旷日持久，杨家便在此地繁衍后代，使这里成了“杨家界”。如今，杨家界还保存有《杨氏族谱》和明清时代的杨家祖墓。杨家界有香芷溪、龙泉峡和百猴谷三个游览区，被国内外游客誉为“人间仙境，世外桃源”“天下第一奇山”“山的代表、山的典型、山的精灵”“扩大的盆景，缩小的仙境”和“中国山水画的原本”。

四、武陵源动植物资源

武陵源地形复杂，坡陡沟深，气候温和，雨量丰富，森林发育茂盛，给众多物种的生存和繁衍提供了良好的生长环境。加之武陵源交通不便，人口稀少，受人为干扰较少，从而保存了丰富的生物资源，成为我国众多孑遗植物和珍稀动植物集中分布的地区。

武陵源是生物宝库，具有完整的生态系统和众多的野生珍稀动植物物种资源，植被覆盖率达到97%，保存了长江流域古代孑遗植物群落的原始风貌。武陵源景区内植物垂直带谱明显，群落结构完整，生态系统平衡，蕴藏着众多的古老珍贵植物和中国特有植物资源。武陵源的森林覆盖率达88%，高等植物有3 000余种，首批被列入《中国珍稀濒危保护植物名录》的重点保护植物有35种。武陵松分布最广，数量最多，形态最奇，有“武陵源里三千峰，峰有十万八千松”之誉。古树是自然遗产中的“活文物”。武陵源的古树名木具有古、大、珍、奇、多的特点。神堂湾、黑枞脑保存有完好的原始森林。银杏被称为自然遗产中的活化石，珙桐是国家一级保护珍贵树木。

武陵源森林茂密，也为动物生活、繁衍创造了良好的生存环境。武陵源有陆生脊椎动物116种，其中包括一级保护动物3种，二级保护动物10种，三级保护动物17种。武陵源生活的动物中，较多的是猕猴；俗称“娃娃鱼”的大鲵，则遍见于溪流、泉、潭中。

景点9：云 台 山

一、云台山概况

云台山位于河南省焦作市修武县北部的太行山南麓。云台山以山称奇，整个景区奇峰秀岭连绵不断，主峰是茱萸峰。云台山以水叫绝，素有“三步一泉，五步一瀑，十步一潭”之说，形成了云台山独有的瀑布景观。云台山的原始森林、沟谷溪潭、飞瀑流泉、奇峰异石，形成了独特完美的自然景观。

云台山保留了大量的地质遗迹，其中较为重要的有系统独特的地层、岩石、矿物旅游资源，以及典型特殊的地质构造旅游资源、险峻秀丽的构造剥蚀地旅游资源、奇异多样的洞府旅游资源、得天独厚的生态旅游资源和历史悠久的人文旅游资源。

云台山特殊的地理位置和地形地貌，使景区内保存和生长了一些如白鹤松、大国榉等古老树种，以及太行猕猴、金钱豹等保护动物。有些特殊植物和动物还成为在中国北方生长和分布的北界。

云台山被评为首批世界地质公园、国家重点风景名胜区、首批国家 AAAAA 级旅游景区、国家地质公园、国家森林公园、国家水利风景名胜区、国家猕猴自然保护区。

二、云台山地貌

“云台地貌”是以构造作用为主，与自然侵蚀共同作用形成的特殊景观，是地貌类型中的新类型。

经过 25 亿年以上的地质演化，在下降时期曾为滨海环境，形成了温盘峪、百家岩一带的石英岩状砂岩。随着华北板块东部大规模的带状裂陷和隆起，形成东亚型裂谷系。受此结构作用，形成了一系列“之”字形、线形、环形、台阶状的长崖、瓮谷、深切障谷、悬沟等地形组合的“云台地貌”，构成了峡谷幽深、群山耸峙、飞瀑清泉的太行绝景。

特殊的构造和地层岩性条件，使云台山景区内水系极为发达，形成的瀑布、溪泉和河流钙华阶地、钙华瀑、钙华滩等代表了中国北方岩溶的特点。

云台山主要包括地层剖面、地层构造剖面、古生物化石、岩溶地貌、峡谷地貌、构造地貌、瀑布景观、湖泊景观、潭池景观、河流及地貌景观和崩塌遗迹等 11 种基本类地质景观。

三、云台山人文

汉献帝在此留有避暑台和陵基。相传魏晋时期，“竹林七贤”在云台山的百家岩竹林之中居住长达 20 余年，留下刘伶醒酒台、嵇康淬剑池等遗迹。王维的山水田园诗主要是描写他隐居云台山的闲适生活和山水风光。唐代“药王”孙思邈也曾在此采药炼丹。众多名人墨客的碑刻、文物，使云台山蕴涵了丰富的文化内涵。

四、云台山风景名胜

1. 潭瀑峡

潭瀑峡三步一泉，五步一瀑，十步一潭，呈现出千变万化的飞瀑、走泉、彩潭和山石景观，如图 1—44 所示。

2. 红石峡

红石峡（见图 1—45）又叫温盘峪，集泉、瀑、溪、潭、涧诸景于一谷，融雄、险、奇、幽诸美于一体，被风景园林专家称赞为“自然界山水的精品”。谷里分布“九龙溪”。谷口南端有一狭窄的峡谷，称为“一线天”，有高 50 余米的白龙瀑布，两侧高山耸立，恰似一个石阙，正好是云台山的西大门。这里有震旦地壳运动地质遗迹，是我国北方地区少有的丹霞地貌峡谷景观。

图 1—44 潭瀑峡

图 1—45 红石峡

3. 泉瀑峡

泉瀑峡的高瀑、深涧显示云台山特殊的地貌风格，这里有全国最高的瀑布——云台天瀑。

4. 万善寺

万善寺始建于明朝，相传是朝廷为了镇治此处的帝王风脉而建，寺名也属御赐。

5. 叠彩洞

叠彩洞（见图 1—46）是连接豫晋两省的公路隧洞，历时八年开凿而成。叠彩洞共有大小隧洞 23 条，首尾相连总长 4 000 多米，在峭壁间重叠直上。洞之间隙，可远观平川，近观悬崖，上观奇石，下观沟谷。

图 1—46 叠彩洞

6. 子房湖

子房湖（见图 1—47）又叫“平湖”。汉代张良（字子房）曾在此操练兵马，帮助刘邦成就大业后又隐退到此，故得此名。湖的北端，有一座山峰酷似大佛，整尊大佛不仅有栩栩如生的面相、垂肩的双耳、交合的双手、盘坐的双腿，座下还有莲花状的山丘，堪称云台山一奇观。

7. 百家岩

百家岩北有天门山，山下有天门谷，谷北有天险——天门关，据说，宋朝的穆桂英大破天门阵就在此地。号称“北国龙湫”的天门瀑布与百家岩寺塔（见图 1—48）为两大胜景。汉朝皇帝刘协被贬后，经常在此赏景游玩，留下不少遗迹。

8. 青龙峡

青龙峡（见图 1—49）是峡谷型风景名胜区，被誉为“中原第一峡”。青龙峡谷有“百潭峡谷”和“北方小桂林”之美称，其溶洞景观有 20 余处。整个景区原始植被完

图 1—47　子房湖

图 1—48　百家岩寺塔

整，原始森林、次生森林等植被覆盖率超过 90%，有千年槲榆林、千年牛荆、千年白皮松和寄生树等古树名木，还有猕猴、黄鹿、黄尾锦鸡、金钱豹等野生动物。青龙峡可观日出、游峡谷、赏猕猴、探溶洞、攀峭岩、避酷暑、访古猎奇，是生态旅游的好去处。

9. 茱萸峰

茱萸峰（见图 1—50）俗名小北顶，相传王维的《九月九日忆山东兄弟》即在此有感而作。茱萸峰峰顶有真武大帝庙、天桥、云梯、云台观等，峰腰有药王洞，相传是唐代药王孙思邈采药炼丹的地方。药王洞口有古红豆杉一株，树龄在千年左右，是国内罕见的名木，药王洞内有 10 余个洞穴。景点内的泉水涌平地面，终年不涸不溢。

图 1—49　青龙峡

图 1—50　茱萸峰

10. 猕猴谷

猕猴谷是一个最近才向游客开放的景点，弥补了云台山景区缺少动物观赏景观的不足。

第二节 水域和岩溶景点

景点1：三峡、小三峡、小小三峡、三峡大坝旅游区

一、三峡、小三峡、小小三峡、三峡大坝旅游区概况

长江三峡是中国十大风景名胜之一，位居中国四十佳旅游景观之首，是万里长江一段山水壮丽的大峡谷。长江三峡西起重庆奉节的白帝城，东到湖北宜昌的南津关，全长205千米，是瞿塘峡、巫峡和西陵峡三段峡谷的总称，也就是常说的“大三峡”。它是长江上最为奇秀壮丽的山水画廊。

三峡旅游区景点众多，其中最著名的有丰都鬼城、忠县石宝寨、云阳张飞庙、瞿塘峡、巫峡、西陵峡、宏伟的三峡工程、大宁河小三峡、马渡河小小三峡等。瞿塘峡的雄伟、巫峡的秀丽、西陵峡的险峻，还有三段峡谷中大宁河、香溪、神农溪的神奇与古朴，使这驰名世界的山水画廊气象万千。这里的群峰，重峦叠嶂，峭壁对峙，烟笼雾锁；这里的江水，汹涌奔腾，惊涛拍岸，百折不回；这里的奇石，嶙峋峥嵘，千姿百态，似人若物；这里的溶洞，奇形怪状，空旷深邃，神秘莫测。1982年，三峡以其举世闻名的秀丽风光和丰富多彩的人文景观，被国务院批准列入第一批国家级风景名胜区名单。2007年5月8日，重庆巫山小三峡、小小三峡被批准为国家AAAAA级旅游景区。

二、三峡地区地貌

地质学家的研究发现，三峡的形成是在数亿年的岁月中，经过多次强烈的造山运动所引起的海陆变迁和江河发育的共同作用下而产生的结果。在威力无比的造山运动中，川东鄂西一带原来沉积在海洋底部的厚层岩石被挤压得弯弯曲曲，在地质学上称为“褶皱”。其中向上凸起的部分叫“背斜”，而向下凹陷的部分叫“向斜”。

三峡地区的七曜、巫山和黄陵三段山地背斜，就是在距今7 000万年前的燕山运动中形成的。这一时期，古金沙江、古雅砻江、古嘉陵江等进入四川湖盆，使其水位抬高

溢出，沿巫山背斜的低注部分，经秭归盆地，切穿黄陵背斜轴部向东流。随着地壳运动的发展，山脉在抬升，而河水长年累月的流淌冲刷和侵蚀使河床不断下切。当江水下切的速度超过了地壳上升的速度时，在流水和构造的双重作用下，坚硬的岩层地区形成了峡谷，而比较疏松的岩层地区则形成了宽谷。

三峡一经形成，江水便日夜不息地冲刷着河床和河谷的两岸，切割地表，使河床不断加深，河谷逐渐扩大，塑造出千姿百态的地貌，造就出三峡沿岸一些造型奇特的礁石。

三、三峡、小三峡、小小三峡、三峡大坝旅游区人文

三峡是渝鄂两地人民生活的地方，主要居住着汉族和土家族，他们都有许多独特的风俗和习惯。这里是中国古文化的发源地之一，孕育了中国伟大的爱国诗人屈原和千古才女王昭君，也曾留下李白、白居易、刘禹锡、欧阳修、苏轼、陆游等文豪的诗章。

四、三峡、小三峡、小小三峡、三峡大坝风景名胜

1. 三峡

三峡（见图 1—51）两岸高峰夹峙，江面狭窄曲折，江中滩礁棋布，水流汹涌湍急。两岸陡峭连绵的山峰，一般高出江面 700 ~ 800 米，江面最狭处有 100 米左右。三峡是长江风光的精华，神州山水中的瑰宝，古往今来，闪耀着迷人的光彩。

图 1—51　长江三峡

长江三峡西起重庆奉节，东至湖北宜昌，全长 205 千米。自西向东主要有三个大的峡谷地段，即瞿塘峡、巫峡和西陵峡，三峡因而得名。三峡水道曲折多险滩，舟行峡中，有“石出疑无路，云升别有天”的境界。长江三峡是中国十大风景名胜之一，中国 40 佳旅游景观之首。

2. 小三峡

大宁河小三峡即为著名的巫山小三峡，是龙门峡、铁棺峡和滴翠峡的统称，以峰秀、景幽、滩险、石美为特色，是大宁河风景的精华所在。大宁河发源于陕西省平利县，流经崇山峻岭和大小峡谷，一路容纳百川清流，穿过巫溪、巫山之间的云崖险峰，从巫峡西口注入浩浩长江，全长约 60 千米。大宁河千姿百态，神秘莫测，过去长期隐匿无声，近年由于我国旅游事业的发展，它才初露真容。有人赞颂它“不是三峡，胜似

三峡”“神矣绝矣，叹为观止矣”。

（1）龙门峡

龙门峡（见图 1—52）长约 3 千米，峡口两山对峙，峭壁如削，天开一线，状若一门，形势甚为险要，因此有人说它“不是夔门，胜似夔门”。龙门峡两岸有高耸的峰峦和奇峰怪石，还有流泉飞瀑，青翠欲滴的山坡上还不时有猴群出现，在一些山崖的高处，可以看到古代栈道和悬棺的遗迹。

图 1—52 龙门峡

（2）铁棺峡

铁棺峡（见图 1—53）长约 10 千米，两岸怪石嶙峋，形成一组组天然雕塑，个个妙趣横生，可以看到龙进、虎出、马归山等景象。此外，在河东岸离水面四五米高的绝壁石缝中还有一具黑色的悬棺，俗称“铁棺”，铁棺峡一名即由此得来。据考证，这“铁棺”乃是战国时期巴人的悬棺，并非铁铸，只因其颜色与铁相似。

（3）滴翠峡

滴翠峡（见图 1—54）是小三峡中最长的一段峡谷，峡中既有磅礴的气势，又有玲珑剔透的小景。20 千米长的峡谷显得幽深、秀丽，主要景观有水帘洞、仙蕉林、摩崖佛像、天泉飞雨、罗家寨、绵羊崖、赤壁摩天、悬棺、双鹰戏屏、飞云洞等。

图 1—53 铁棺峡

图 1—54 滴翠峡

3. 小小三峡

巫山小小三峡在大宁河滴翠峡处的支流马渡河上，是三撑峡、秦王峡、长滩峡的总称。小小三峡是大宁河小三峡的姊妹峡，因比大宁河小三峡小，故名“小小三峡”。小小三峡景区内，奇峰多姿，山水相映，风光旖旎，两岸悬崖对峙，壁立千仞，河道狭窄，天成一线，透露出遮挡不住的山野诱惑。山岩上倒垂的钟乳石，奇形怪状，形态各异，散发着原始古朴的气息。小小三峡也被誉为全国最佳漂流区，到这里可以参加有惊无险的回归大自然参与式漂流——“中国第一漂”。

（1）三撑峡

三撑峡始于马渡河入口，全长 5 千米，是小小三峡的第一峡。三撑峡两岸悬崖峭壁，犹如斧劈；河道窄，天成一线，景幽水秀。逆水行舟时，三撑峡水流湍急而无拉纤之路，只能一篙一篙往前撑，故又名“长撑峡”。这里原始植被无损，沿途翠色映目，随处生就离奇钟乳，满天飘洒飞瀑雨雾，充满着浓郁的诗情画意。三撑峡内有鹿回头、寿星峰、石柱湾、相思泉、龙虎潭、八戒过河、母亲石、月亮寨等景观。

（2）秦王峡

秦王峡从上渡口至双河，全长 4 千米。这里山清水秀，幽深静谧，水流平缓，清澈见底，是漂流游览的最佳地段。秦王峡东岸有一个大溶洞，据传明朝崇祯年间，有秦姓山贼占洞为王，鱼肉百姓，被张献忠率领的农民起义军擒获，故名“擒（秦）王洞”。秦王峡内有望乡台、虎头岩、黄龙过江、鲤鱼跃龙门、仙女迎宾、仙乐钟、罗汉堂等景点。

（3）长滩峡

长滩峡自双河至平河，全长 5 千米，峡中有一段长约 2 千米的河滩，宽 10 余米，两岸山水掩映，故名长滩峡。长滩峡内谷窄山高，绝壁对峙，气势雄险，河水清澈见底，水中游弋着品种繁多的鱼类，沿岸多有色彩斑斓的卵石，时或见到古生物化石。长滩峡内有滴水岩、聪明泉、手爬岩、穿洞子等景观。

4. 三峡大坝

三峡水利枢纽是综合治理与开发长江的关键性工程。三峡大坝（见图 1—55）位于湖北省宜昌市的三斗坪镇，在葛洲坝水利枢纽上游约 40 千米处，是目前世界上规模最

图 1—55　三峡大坝

大的混凝土重力坝。三峡大坝是三峡水利枢纽工程的核心，左岸大坝全长1 600多米，于1998年年底开始浇筑，2002年10月建成。右岸大坝全长660多米，于2003年7月开始浇筑，2006年5月20日正式完工。三峡坝区总面积约15平方千米，在坝区制高点——坛子岭，可清楚地鸟瞰大坝全貌。长江三峡工程能发挥防洪、发电、航运、养殖、旅游、生态保护、净化环境、开发性移民、南水北调、供水灌溉等十大效益。

景点2：漓　江

一、漓江概况

漓江（见图1—56）是中国锦绣河山的一颗明珠，是桂林风光的精华。漓江位于广西壮族自治区东部，属珠江水系，发源于“华南第一峰”桂北越城岭猫儿山，那是个林丰木秀、空气清新、生态环境极佳的地方。漓江上游主流称为六峒河，南流至兴安县司门前附近，东纳黄柏江，西受川江，合流称溶江，由溶江镇汇灵渠水，流经灵川、桂林、阳朔，至平乐汇入西江，全长437千米。从桂林到阳朔约83千米的水程，称漓江。漓江风光的美，不仅充分展现了“山清、水秀、洞奇、石美”的特点，而且还有着“深潭、险滩、流泉、飞瀑”的佳景。百里漓江的每一处景致，都是一幅典型的中国水墨画，人称“百里漓江，百里画廊”。

图1—56　漓江山水

桂林市附近，河谷开阔平缓，伏波山、叠彩山、象山、穿山、塔山等皆平地拔起，四壁如削，奇峰罗列，气势万千。岩溶槽谷平原中，秀山丽水相辉，景色清幽。桂林至阳朔之间，是岩溶峰林峰丛地貌，河流依山而转，形成峡谷，景致迷人，其中尤以草坪、杨堤、兴坪为胜，有浪石起奇景、九马画山、黄布倒影、半边渡等美景。倒影是漓江一大奇观，江水赋予凝重的山以动态、灵性、生命，同时也把人带进了神话的世界。漓江江中多洲，岸边多滩，乱石遏流，浪回波伏，茂树环合，翠竹竞秀。漓江景观因时、因地（角度）、因气候不同而变化。晴朗天气，上下天光，一碧万顷，千峦百嶂，尽入眼帘；烟雨之日，云雾缭绕，若隐若现，若断若续，一派空濛；明月之夜，群峰如洗，江波如练，仿佛置身空灵境界，清远无限。雄奇瑰丽的百里长卷，使人赏心悦目，陶冶情操，净化心灵，弃俗绝尘。可以说“漓江神秀天下无”。

1982 年，漓江作为神秀天下的山水名胜，被国务院批准列入第一批国家级风景名胜区名单。2007 年 5 月 8 日，桂林市漓江景区经国家旅游局正式批准为国家 AAAAA 级旅游景区。

我国 20 元人民币的背面图案即为漓江山水，如图 1—57 所示。

图 1—57　20 元人民币背面的漓江山水

二、漓江的水体与地质

漓江风景区是世界上规模最大、风景最美的岩溶山水游览区。漓江自桂林至阳朔 83 千米水程，是广西东北部喀斯特地形最典型的地段，每立方米含沙量仅为 0.037 千克，相比黄河每立方米含沙量 37 千克，可谓是水清见底，游鱼可数，景色如画。漓江流域地质结构大部分是中盆系以后的碳酸盐构造，已发展到峰林期，两岸奇峰林立，风景秀丽，河道流经的地区植被繁茂，覆盖率高，表土流失少。漓江河床主要由卵石、砂组成，水质清澈见底，两岸青山倒映，碧绿的山峰和碧澄的江水交相辉映，集中体现了漓江山水精华，形成了丰富的自然旅游资源。

三、漓江风景名胜

如诗如画的漓江是桂林山水的重要组成部分，依据景色的不同，大致可分为三个景区。

1. 漓江第一景区

漓江第一景区为桂林市区至黄牛峡，两岸奇峰林立，城镇、农村、田园错落分布，景观多样，是观赏远山近水、人文民风的佳处，构成了画卷的开头部分。这一景区的主要景点有象鼻山（见图 1—58）、斗鸡山、净瓶卧江、奇峰林立、父子岩、龙门古榕、大圩古镇、磨盘山等。

图 1—58　象鼻山

2. 漓江第二景区

漓江第二景区为黄牛峡至水落村，夹岸石山连绵不断，奇峰围峦映带，是漓江风光的精华所在，构成了画卷的主体部分。这一景区的主要景点有望夫石、草坪帷幕、冠岩幽府、半边渡、鲤鱼挂壁、童子拜观音、八仙过江、九马画山（见图 1—59）、青峰倒影、兴坪佳景等。

图 1—59　九马画山

3. 漓江第三景区

漓江第三景区为水落村至阳朔，两岸土岭青葱，翠竹、茂林、田野、山庄、渔村随处可见，给画卷增添了幽美的田园色彩。

景点 3：西　湖

一、西湖概况

西湖（见图 1—60）位于浙江省杭州市城西，三面环山，南北长 3.3 千米，东西宽 2.8 千米，水面面积约 5.66 平方千米，湖中岛屿为 6.3 平方千米，湖岸周长 15 千米。水的平均深度在2.27米左右，最深处有5米多，最浅处不到1米。湖中以孤山、白堤、苏堤分隔为外西湖、里西湖、后西湖、小南湖及岳湖，其中外西湖面积最大。孤山是西湖中最大的天然岛屿，苏堤、白堤如两条锦带越过湖面，小瀛洲、湖心亭、阮公墩三个人工小岛鼎立于外西湖湖心，由此形成了“一山、二堤、三岛、五湖”的基本格局。中国古代以西湖命名的湖有36个之多，其中以杭州西湖最为著名，如单称西湖通常指的就是杭州西湖。西湖旧称武林水、钱塘湖、西子湖，宋代始称西湖。西湖是一个历史悠久、世界著名的风景游览胜地，古迹遍布，山水秀丽，景色宜人。

图1—60　西湖全景

西湖处处有胜景，历史上除有“钱塘十景”和“西湖十八景”之外，最著名的是南宋定名的“西湖十景”和1985年评出的“新西湖十景”。在以西湖为中心的园林风景区内，分布着主要风景名胜40多处，重点文物古迹30多处。概括起来西湖风景主要以一湖、二峰、三泉、四寺、五山、六园、七洞、八墓、九溪、十景为胜。1982年，西湖被确定为国家风景名胜区，1985年又被评为“中国十大风景名胜”之一。2007年5月8日，杭州市西湖风景名胜区经国家旅游局正式批准为国家AAAAA级旅游景区。

二、西湖人文

1. 著名诗句

题临安邸

林升

山外青山楼外楼，西湖歌舞几时休?

暖风熏得游人醉，直把杭州作汴州!

饮湖上初晴后雨

苏轼

水光潋滟晴方好，山色空蒙雨亦奇。

欲把西湖比西子，浓妆淡抹总相宜。

晓出净慈寺送林子方

杨万里

毕竟西湖六月中，风光不与四时同。

接天莲叶无穷碧，映日荷花别样红。

2. 传说

（1）东坡肉

据传苏东坡第二次回杭州为官时，西湖已被葑草湮没了大半。他上任后，发动数万民工除葑田、疏湖港，把挖起来的泥堆筑了长堤，并建桥以畅通湖水，使西湖秀容重现，又可蓄水灌田。这条堆筑的长堤改善了环境，既为群众带来水利之益，又增添了西湖景色。老百姓赞颂苏东坡为地方办了这件好事，听说他喜欢吃红烧肉，到了春节，都不约而同地给他送猪肉，来表示自己的心意。苏东坡收到那么多的猪肉，觉得应该同数万疏浚西湖的民工共享才对，就叫家人把肉切成方块，用他的烹调方法——“慢著火，少著水，火候足时它自美”烧制，连酒一起，按照民工花名册分送到每家每户。他的家人在烧制时，把“连酒一起送”领会成“连酒一起烧”，结果烧制出来的红烧肉，更加香酥味美，食者盛赞苏东坡送来的肉烧制别致，可口好吃。众口赞扬，趣闻传开，当时向苏东坡求师就教的人中，除了来学书法、学写文章的外，也有人来学烧“东坡肉”。后来，农历除夕夜，民间家家户户都制作东坡肉，相沿成俗，用来表示对他的怀念之情。“东坡肉”现在成为杭州一道传统名菜。楼外楼菜馆效法苏东坡的方法烹制这个菜，并在实践中不断改进，遂流传至今。

（2）明珠西湖

传说古时候，在天河东边的石窟里住着一条雪白的玉龙，在天河西边的大树林里住着一只彩色的金凤。它们情投意合，经常在一起玩耍。有一次，它们在一个岛上发现了一块亮闪闪的石头。金凤和玉龙决定把它琢磨成一颗珠子。一天一天、一年一年过去了，它俩真的把石头琢成了一颗滚圆滚圆的珠子。王母娘娘非常羡慕，派人偷走了明珠。玉龙金凤赶到王母娘娘那里，争夺中，明珠落在地上，变成了西湖。玉龙舍不得离开自己的明珠，就变成一座雄伟的玉龙山守护它；金凤也舍不得自己的明珠，就变成一座青翠的凤凰山来守护它。从此凤凰山和玉龙山就静静地站在西湖的旁边。直到现在，杭州还流传着两句古老的歌谣：西湖明珠从天降，龙飞凤舞到钱塘。

三、西湖风景名胜

1. 西湖“旧”十景

“西湖十景”是指浙江省杭州市著名旅游景点西湖及其周边的十处特色风景。“西湖十景”经历三次定义（或评定），现说的“西湖十景”一般指2007年的三评西湖十景（见图1—61）：苏堤春晓、曲院风荷、断桥残雪、平湖秋月、柳浪闻莺、双峰插云、三潭印月、花港观鱼、雷峰夕照和南屏晚钟。

a）　b）　c）　d）　e）　f）

g）　h）　i）　j）

图1—61　西湖“旧”十景

a）苏堤春晓　b）曲院风荷　c）断桥残雪　d）平湖秋月　e）柳浪闻莺　f）双峰插云　g）三潭印月　h）花港观鱼　i）雷峰夕照　j）南屏晚钟

（1）苏堤春晓

苏堤南起南屏山麓，北到栖霞岭下，全长近3千米，是北宋大诗人苏东坡任杭州知州时，疏浚西湖，利用挖出的葑泥构筑而成。后人为了纪念苏东坡治理西湖的功绩，将它命名为苏堤。长堤卧波，连接了南山北山，给西湖增添了一道妩媚的风景线。南宋时，苏堤春晓被列为“西湖十景”之首，元代又称之为“六桥烟柳”而列入“钱塘十景”，足见它自古就深受人们喜爱。

（2）曲院风荷

曲院风荷以夏日观荷为主题，承苏堤春晓而居西湖十景第二位。“曲苑”原是南宋朝廷开设的酿酒作坊，位于今灵隐路洪春桥附近，濒临当时的西湖湖岸，近岸湖面养殖荷花，每逢夏日，和风徐来，荷香与酒香四处飘逸，令人不饮亦醉。

（3）断桥残雪

断桥，今位于白堤东端，在西湖古今诸多大小桥梁中，它的名气最大。据说，早在唐朝，断桥就已建成，时人张祜《题杭州孤山寺》诗中就有“断桥“一词。明人汪珂玉《西子湖拾翠余谈》有一段评说西湖胜景的妙语："西湖之胜，晴湖不如雨湖，雨湖不如月湖，月湖不如雪湖……能真正领山水之绝者，尘世有几人哉！"地处江南的杭州，每年雪期短促，大雪天更是罕见。一旦银装素裹，便会营造出与常时、常景迥然不同的雪湖胜况。

（4）平湖秋月

平湖秋月景区位于白堤西端，孤山南麓，濒临外西湖。其实，作为西湖十景之一，南宋时平湖秋月并无固定景址，这从当时以及元、明两朝文人赋咏此景的诗词多从泛归舟夜湖、舟中赏月的角度抒写不难看出。例如，南宋孙锐诗中有"月冷寒泉凝不流，棹歌何处泛舟"之句；明洪瞻祖有"秋舸人登绝浪皱，仙山楼阁镜中尘"的诗句。

（5）柳浪闻莺

柳浪闻莺古为帝王享受的御花园，现在演变为杭州老百姓的大乐园。它仍以青翠柳色和婉转莺鸣作为公园景观基调，在沿湖长达千米的堤岸上和园路主干道路沿途栽种垂柳及狮柳、醉柳、浣沙柳等特色柳树。在园中部主景区辟闻莺馆，又在距闻莺馆不远处置巨型网笼"百鸟天堂"，营造烟花三月柳丝飘舞、莺声清丽的氛围。闻莺馆西侧，是柳浪闻莺重建时填平水荡沼泽而营造的大草坪，大草坪北侧是迁建来此的康熙御题柳浪闻莺景亭碑。

（6）双峰插云

天目山东走，其余脉的一支，遇西湖而分驰南北形成西湖风景名胜区的南山、北山。其中的南高峰与北高峰古时均为僧人所占，山巅建佛塔，遥相对峙，迥然高于群峰之上。春秋佳日，岚翠雾白，塔尖入云，时隐时现，远望气势非同一般。南宋时，两峰插云列为西湖十景之一，清康熙帝改题为双峰插云，建景碑亭于洪春桥畔。

（7）三潭印月

三潭印月岛又名小瀛洲，与湖心亭、阮公墩合称为"湖上三岛"。全岛连水面在内面积约七公顷，南北有曲桥相通，东西以土堤相连，桥堤呈"十"字形交叉，将岛上水面一分为四，水面外围是环形堤埂。从空中俯瞰，岛上陆地形如一个特大的"田"字，呈现出湖中有岛、岛中有湖、水景称胜的特色，在西湖十景中独具一格，为我国江南水上园林的经典之作。

（8）花港观鱼

花港位于苏堤南段以西，在西里湖与小南湖之间的一块半岛上。南宋时，内侍官允升曾在离这里不远的花家山下结庐建私家花园，园中花木扶疏，引水入池，蓄养五色鱼以供观赏怡情，后渐成游人频频光顾之地，时称卢园，又以地近花家山而名以花港。宫廷画师创作西湖十景组画时将它列入其中。清康熙三十八年（1699 年），皇帝驾临西湖，照例题书花港观鱼景目，用石建碑于鱼池畔。后来乾隆下江南游西湖时，又有诗作题刻于碑阴，诗中有句云："花家山下流花港，花著鱼身鱼嘬花。"

（9）雷峰夕照

雷峰山位于净慈寺前，为南屏山向北伸展的余脉，林木葱郁。它虽小巧玲珑，名气在湖上却是数一数二，因为山巅曾有吴越时建造的雷峰塔，是西湖众多古塔中最为风光也最为风流的一塔，可惜七十余年前倒掉了，塔倒山虚，连山名也改成了夕照山。

（10）南屏晚钟

南屏晚钟，也许是西湖十景中问世最早的景目。北宋画家张择端曾经画过《南屏晚钟图》，尽管此图远不如他的《清明上河图》那么蜚声画坛，但却被记载于明人《天水冰山录》中。

2. 西湖“新”十景

西湖“新”十景如图 1—62 所示。

a）　b）

c）　d）

e）　f）

g）　h）　i）　j）

图 1—62　西湖“新”十景

a）吴山天风　b）满陇桂雨　c）玉皇飞云　d）云栖竹径　e）九溪烟树
f）黄龙吐翠　g）龙井问茶　h）虎跑梦泉　i）阮墩环碧　j）宝石流霞

（1）吴山天风

吴山天风景观位于西湖东南面，高 94 米，景秀、石奇、泉清、洞美。山上有城隍阁，秀出云表，巍然壮观。山道旁，有一组形态各异的岩石，因其酷似十二生肖而被称为“十二生肖石”。吴山山顶建有“江湖汇观亭”，站在亭中，钱塘江和西湖全景一览无余。在亭侧通往云居山的大道上有山茅观遗址，遗址旁有南宋理学家朱熹的手书“吴山第一峰”。

（2）满陇桂雨

“满陇”又称满觉陇，自明代起就是杭州观赏桂花的首选之地，目前满觉陇内种植桂树 7 000 多株，包括金桂、银桂、丹桂、四季桂等，许多桂树树龄达 200 多年。

（3）玉皇飞云

“玉皇”即玉皇山，山高 242 米，山顶最高处建有登云阁，站在阁中，北观西湖，杭州城区风光尽收眼底，脚下浮云飘动，使人如临仙境，飘飘欲飞，故名“玉皇飞云”。

（4）云栖竹径

云栖竹径景观位于杭州城西南五云山西麓云栖坞里，相传从五云山中飘出的五彩祥云常在坞栖留，故名“云栖”。云栖竹径景观由云栖石碑进入，蜿蜒 1 千米左右，其间翠竹成荫，遮天蔽日，清凉幽静。

（5）九溪烟树

九溪烟树即著名景点“九溪十八涧”，位于五云山西侧，鸡冠垅下，北接龙井，南贯钱塘江，发源于翁家山杨梅岭下，途汇清湾、宏法、唐家、小康、佛石、百丈、云栖、清头和方家九溪，曲折隐忽，流入钱江，以溪急湾多而闻名。九溪十八涧泉水淙淙，水流湍急，水汽蒸腾，云雾弥漫，恰似青烟缭绕，故名“九溪烟树”。

（6）黄龙吐翠

传说南宋年间，江西黄龙山的慧开禅师到杭州栖霞岭扫帚坞登山求雨，山后营一石突然裂开，裂口犹如龙嘴，喷出一股清泉，于是民间传言黄龙随禅师来到杭州，“黄龙吐翠”因而成名。

（7）龙井问茶

龙井又称龙泓、龙湫。龙井泉位于西湖西南的风篁岭上，与虎跑泉、玉泉并称西湖三大泉。龙井不仅有名泉、名景，还有名茶。龙井茶为我国的十大名茶之一，特别是以虎跑之水泡制的龙井茶，有“西湖双绝”之称，呈现“色绿、香郁、形美、味甘”四大特色，为茶中极品。

（8）虎跑梦泉

虎跑梦泉位于西湖西南隅大慈山下，以泉水甘洌醇厚闻名，“龙井茶叶虎跑水”更是被人称为“西湖双绝”。

（9）阮墩环碧

西湖有三座人工岛屿：小瀛洲（三潭印月）、湖心亭（北塔基）和阮公墩。阮公墩是清嘉庆五年（1800 年）浙江巡抚阮元主持疏浚西湖后，以浚湖葑泥堆壅成岛的，故后人称之为阮公墩，为西湖三岛中面积最小的一个岛。

（10）宝石流霞

宝石山是西湖北岸的屏障，山体为火成岩，其成分中含有较多的氧化铁，石色成红褐色，傍晚时分，在夕阳映照下，如流霞缤纷，景名由此而来。

“西湖十景”是用文学语言给西湖及其周边的十处特色风景景区、景点、景物命名，组成一个“景观集称”。它不仅要使命名的审美特征、文化特征和功能特征都得到体现，还要平衡好审美性、文化性、功能性三者的相互制约，并找到一个明晰的契合点，最大限度地接近、概括出景观特点。

“西湖十景”，景名合一，令人如临其境，如见其形，深受国内外广大游客欢迎，堪称景点命名的典范之作。

景点 4：黄果树大瀑布

一、黄果树大瀑布概况

黄果树景区是国家重点风景名胜区，位于贵州省西南部，距省会贵阳市 128 千米，距西部旅游中心城市安顺市区 45 千米。

黄果树景区以黄果树大瀑布（高 77.8 米，宽 101.0 米，见图 1—63）为中心，分布着雄、奇、险、秀风格各异的大小瀑布 18 个，形成一个拥有“三大阶梯、九级跃宕、十八飞瀑”的庞大的瀑布“家族”，被评为世界上最大的瀑布群。黄果树大瀑布是黄果树瀑布群中最为壮观的瀑布，是世界上唯一可以从上、下、左、右、前、后六个方位观赏的瀑布，也是有水帘洞自然贯通且能从洞内外听、观、摸的瀑布。

图 1—63　黄果树大瀑布

发现并用文字向世人推荐黄果树瀑布的第一人应是徐霞客。明崇祯十一年（1683 年）春天，徐霞客在考察北盘江时，偶然发现了白水河上的这一奇观。他考察大瀑布时曾赞叹道：“捣珠崩玉，飞沫反涌，如烟雾腾空，势甚雄伟；所谓‘珠帘钩不卷，匹练挂遥峰’，俱不足以拟其壮也，高峻数倍者有之，而从无此阔而大者。”因而说，黄果树是当之无愧的“中国瀑布之乡”。

黄果树景区内风景秀丽、环境优美、空气清新、气候宜人（年平均气温在 16℃左右），设施完善，还有悠久的历史文化，是休闲、度假、观光、疗养、吸氧“洗肺”的理想胜地。

黄果树景区内有雄奇壮阔的黄果树大瀑布中心区、石头寨景区、天星桥景区、滴水潭瀑布景区、坝陵河峡谷古文化景区、郎宫景区，外围有关脚瀑布、犀牛洞、观音洞等独立景点。涨水时节，瀑布如蛟龙翻腾，浪花飞溅、水珠飞扬。枯水时节，瀑布犹如万缕银丝披挂、轻柔多姿，又是另一番风韵，还未见到瀑布，就感觉满天的细雨正从瀑布方向扑面而来。

黄果树风景名胜区是全国第一批国家重点风景名胜区和首批获得国家评定的 AAAAA 级旅游区，景区先后被评为全国科普教育基地、“全国文明风景区”示范点、“西部最具魅力旅游景区”。2005 年，景区被《中国国家地理》杂志社评为“中国最美丽的地方”，被《人民日报》社评为“中国风景名胜区顾客十大满意品牌”，还荣获“欧洲游客最喜爱的中国十大景区”等荣誉称号。

二、黄果树水体与地质

黄果树瀑布是由于水流的溯源侵蚀而形成的。当溯源侵蚀到达河流的上游时，在岩溶作用的参与下，河水沿裂隙逐渐下渗、溶蚀、冲蚀，管道逐渐扩大，形成落水洞及地下河。当地表河注入落水洞的量逐渐变大时，就形成了岩溶地区特有的底下裂点。持续发展的结果，导致地表河谷最终被废弃而变成干谷，在河流注入落水洞处形成的洞孔随之而增大，于是干谷变成了竖井及天窗。它们继续不断扩大、归并、垮塌，河谷裂点不断向上游推移，形成了现今雄伟壮观的黄果树大瀑布和瀑布下游险峻的峡谷。现存于瀑布之下的犀牛潭，是瀑布的冲蚀坑；三道滩、马蹄滩、渔鱼井三个深潭均是瀑布向上游推移的历史遗迹，都是瀑布演变推移过程中曾经所处位置的残留冲蚀坑。这些深潭的形状大小不同，深浅不一，说明瀑布后退过程是不均匀的，具有时段性。

三、黄果树风景名胜

1. 水帘洞

水帘洞隐藏在黄果树瀑布的半腰上，长达 134 米。水帘洞由 6 个洞窗、5 个洞厅、3 股洞泉和 6 个通道组成，主要景点有倒挂仙人掌、古榕悬根、藤帘、袖珍花园、鼓风口、水晶宫、摸瀑台等。其中，摸瀑台向外伸展数米，站在前端伸手即可摸到瀑布飞流。旅游者还可以从水帘洞的各个洞窗看到犀牛潭的双道彩虹。

2. 犀牛潭

黄果树大瀑布前面的跌水潭因状若犀牛，故而得名犀牛潭。犀牛潭（见图 1—64）水深 11.1 米，满潭为瀑布所溅的无数水珠所覆盖。峡谷两侧壁立苍翠，各类喜水植物枝繁叶茂，其间的望水厅、观瀑亭、茶楼、铁索桥、缆车等建筑物以及片片竹林，同大瀑布一起构成了一幅大自然的立体山水画。

3. 天星景区

距黄果树大瀑布 7 千米的天星景区（见图 1—65）被人们赞为“天然大盆景”，一步一景，三步一画，山、石、水、林、洞、瀑无不奇妙绝伦。天星景区四周青山如画，植被茂盛，清流密布，古树怪石奇异多姿，素有“有水皆成瀑，是石总盘根”的说法。天星洞幽深宁静，形态万千，扑朔迷离，其瀑布如千万条“银练坠潭”，潇洒秀美，璀璨夺目。

图 1—64　犀牛潭

图 1—65　天星景区

景点 5：三 亚 海 滨

一、三亚海滨概况

三亚市位于海南岛的最南端，是中国最南部的热带海滨旅游城市。三亚市别称“鹿城”，又被称为“东方夏威夷”，拥有全海南岛最美丽的海滨风光。

三亚市东邻陵水县，西接乐东县，北毗保亭县，南临南海，陆地总面积 1 919.58 平方千米，海域总面积 6 000 平方千米，其中规划市区面积约 37 平方千米。三亚市东西长 91.6 千米，南北宽 51 千米，常住人口为 53.6 万人，聚居了汉、黎、苗、回等 20 多个民族。三亚市是海南省南部的中心城市和交通通信枢纽，也是中国东南沿海对外开放黄金海岸线上最南端的对外贸易重要口岸。

三亚市境内海岸线长 258.65 千米，有大小港湾 19 个，主要港口有三亚港、榆林港、南山港、铁炉港、六道港等，主要海湾有三亚湾、海棠湾、亚龙湾、崖州湾、大东海湾、月亮湾等，有大小岛屿 40 个，主要岛屿 10 个。

三亚海滨风景区（见图 1—66）位于海南省三亚市，总面积约 212 平方千米，由海棠湾、亚龙湾度假区、大东海度假区、天涯海角游览区、落笔洞旅游区、大小洞天旅游

图 1—66　三亚海滨风景区

区等景区组成，1994 年被定为国家重点风景名胜区。

二、三亚海滨风景名胜

1. 海棠湾

海棠湾（见图 1—67）其实只是“半湾”，地处三亚市海棠镇与陵水黎族自治县英州镇交界处，因为行政区划的原因，本来一个完整的海湾一分为二，属于三亚境内的一半取名海棠湾，属于陵水境内的那一半海湾名称为土福湾。两处“半湾”海岸线合计总长 25 千米。海棠湾与亚龙湾、大东海湾、三亚湾、崖州湾并列为三亚旅游区的五大名湾。古时，海棠湾镇又称藤桥墟，自古以来就是三亚的咽喉要地，历史上曾是县治之区，经贸非常活跃，与陵水英州镇、保亭三道农场、南田农场并称为“两镇两场”，是琼南一带农副产品、生产生活用品的集散地。海棠湾景象万千，由于远离城市，大部分区域没有开发，一种原生态的美使海南三亚市旅游独具魅力。19 千米长的岸线风光旖旎，河道如网，绿洲棋布，芳草萋萋。海棠湾南与亚龙湾国家旅游度假区相邻，集碧海、蓝天、青山、银沙、绿洲、奇岬、河流于一身。

图 1—67　海棠湾

2. 亚龙湾度假区

亚龙湾度假区位于三亚市东南 28 千米处，是海南岛最南端的一个半月形海湾，全长约 7.5 千米，是海南名景之一。亚龙湾沙滩绵延 7 千米且平缓宽阔，浅海区宽达 50 ~ 60 米，沙粒洁白细软，海水澄澈晶莹，而且蔚蓝，能见度 7 ~ 9 米。亚龙湾资源丰富，有珊瑚礁、各种热带鱼、名贵贝类等，年平均气温 25.5℃，海水温度 22 ~ 25.1℃，终年可游泳，被誉为“天下第一湾”。

3. 大东海度假区

大东海度假区，辽阔的海面晶莹如镜，只见白沙融融，阳光、碧水、沙滩、绿树构成了一幅美丽的热带风光。这里四季如春，冬季水温 18℃，是冬泳避寒胜地和度假休闲者进行海水浴和阳光浴的理想之地。大东海度假区被国家旅游局评为中国“四十佳”旅游景点之一，水暖、沙白、滩平，早已蜚声海内外。这里的海湾呈弓形，东南平行的两条小山脉就像两道堤墙插入浩瀚的南海，铸成海湾和屏障。大东海三面环山，一面向海，一排排翠绿椰林环抱沙滩，其碧海、青山、绿椰、白沙滩独特之美博得海内外游客的赞叹。

4. 天涯海角游览区

天涯海角游览区位于距三亚市区约 23 千米的天涯镇下马岭山脚下，前海后山，风景独特。步入游览区，沙滩上那一对拔地而起的高 10 多米、长 60 多米的青灰色巨石赫然入目。两石分别刻有“天涯”和“海角”字样，意为天之边缘，海之尽头。这里融碧水、蓝天于一色，烟波浩瀚，帆影点点，椰林婆娑，奇石林立，如诗如画。那刻有“天涯”“海角”“南天一柱”和“海判南天”的巨石雄峙南海之滨，为海南一绝。

5. 落笔洞旅游区

落笔洞旅游区位于三亚市荔枝沟镇东北方向约 7 千米处的奇特的小山峰——印岭，属三亚市八景之一。在绿林遮空、花草盖地、鸟鸣山林、猿啼峭壁、蝉噪蜂蝶忙的印岭，大小石灰岩溶洞数不胜数，形状千奇百怪，其中最著名的是山东面的三个洞——落笔洞、仙朗洞、仙女洞。落笔洞在印岭东面的悬崖下，洞外古树参天，荫翳蔽日，蝉翼惊秋，鸟鸣山幽，依稀中似有股仙气缭绕。传说古时有高僧看中这清静之地，于功德圆满后在此禅化；又说有真经入祠，封于岩层深处，日后遇主自开；还说有巨人足迹进出山洞，而无见其形状等，真乃鬼斧神工，天地造化。

6. 大小洞天旅游区

大小洞天旅游区（原海山奇观风景区，古称鳌山大小洞天），位于三亚市区以西 40 千米的海滨，总面积 22.5 平方千米，至今已有 800 多年历史。大小洞天旅游区以其秀丽的海景、山景和石景号称“琼崖第一山水名胜”。这里，崖洲湾弧弦百里、碧波万顷，鳌山云深林翠，岩奇洞幽，遍布神工鬼斧，大小石群。山海之间宛如一幅古朴优美的山海图画。历代文人骚客莫不钟情于这一方山水。大小洞天旅游区有历史悠久的名人胜迹。唐代高僧鉴真率日本留学僧容睿、普照及弟子祥彦、思托等 35 人第五次东渡日本，海上遇台风，漂流万里至此登岸，并修造大云寺，传播佛教文化；宋末元初女纺织家黄道婆往返于崖州湾，把先进的植棉、纺棉技术带至中原大陆，留下千秋佳话。

景点 6：九寨沟景区

一、九寨沟概况

九寨沟风景名胜区位于四川省阿坝藏族羌族自治州九寨沟县境内，距离成都市 400 多千米，是一条纵深 40 余千米的山沟谷地，因周围有 9 个藏族村寨而得名。九寨沟风景区总面积约 620 平方千米，大约有 52% 的面积被茂密的原始森林所覆盖，林中夹生箭竹和各种奇花异草，举世闻名的大熊猫、金丝猴、白唇鹿等珍稀动物乐于栖息在此。其自然景色兼有湖泊、瀑布、雪山、森林之美。沟中地僻人稀，景物特异，富于原始自然风貌，有“童话世界”之誉。九寨沟有长海、剑岩、诺日朗、树正、扎如、天海六大景区，以翠海、叠瀑、彩林、雪峰、藏情这五绝而驰名中外。

在九寨沟青山环抱的景区里，则查洼、日则、树正三条沟呈“Y”字形分布，景区内有呈梯级分布的大小海子 114 个，海子之间的 17 个瀑布群、11 段激流、5 处钙化滩流像项链上一个个璀璨夺目的珍珠，在繁茂的原始森林中绽放异彩。景区内现有树正、日则、则查洼、扎如 4 条旅游风景线，长 60 余千米，以 3 沟 118 海为代表，包括 5 滩、12 瀑、10 流及数十泉等水景为主要景点，与九寨十二峰组成高山河谷等自然景观。九寨沟四季景色各有千秋，非常迷人，景区内还有种类繁多的动植物资源，原始森林遍布，栖息着大熊猫等 10 余种珍稀野生动物。

九寨沟风景名胜区于 1992 年被列入《世界遗产名录》，1997 年被纳入世界人与生物圈保护区，2007 年被评为首批国家 AAAAA 级旅游景区。九寨沟风景区还是全国优秀风景名胜区、中国风景名胜 40 佳、省级文明单位、综合治理先进单位、四川省三大旅游精品之首。

二、九寨沟水体与地质

九寨沟以高原钙华湖群、钙华瀑群和钙华滩流等奇特的水景为主体（见图 1—68），其水景规模之巨、景型之多、数量之众、形态之美和环境之佳等，位居中国风景名胜区水景之冠。

九寨沟的景观类多景异，湖、瀑、滩、泉一应俱全，异彩纷呈，大大小小，各有特点。瀑宽者 300 余米，高者近 80 米，有的气势恢宏，有的轻柔飘逸，有的如盆景，有的如珍珠。九寨沟集水形、水色、水姿、水声于一体，收尽天下水景之美态。九寨沟还有保存完好的冰川遗迹，冰斗、U 字谷十分典型，悬谷、槽谷独具风韵。槽谷伸至海拔 2 800 米的地方，谷地古冰川发育，成为我国第四纪冰川保存良好的地方之一。

图 1—68 九寨沟的水体

三、九寨沟风景名胜

1. 彩林

彩林（见图 1—69）被誉为九寨沟五绝之首，覆盖了景区一半以上的面积，2 000 余种植物争奇斗艳，林中奇花异草，色彩绚丽，沐浴在朦胧迷离的雾霭中的孑遗植物，浓绿阴森，神秘莫测。林地上积满厚厚的苔藓，散落着鸟兽的翎毛，充满着原始气息的森林风貌，使人产生一种浩渺幽远的世外天地之感。3 万顷莽莽苍苍的原始森林，随着季节的变化，呈现出种种奇丽风貌。金秋时节，深橙的黄栌，金黄的桦叶，绛红的枫树，殷红的野果，深浅相间，错落有致，令人眼花缭乱。水上水下，动静形色交错，光怪陆离，使人目眩。入冬，积雪使九寨沟变成了银白色的世界，冰瀑、冰幔晶莹洁白，使九寨沟像置身于白色玉盘中的蓝宝石，显得更加璀璨。

2. 叠瀑

九寨沟是水的世界，也是瀑布王国，几乎所有的瀑布全都是从密林里涌出的。这里有宽度居全国之冠的诺日朗瀑布（见图 1—70），它在高高的翠岩上急泻倾挂，似巨幅玉帘凌空飞落，雄浑壮丽。有的瀑布从山岩上几经跌宕，形成叠瀑，激溅起无数小水珠，化作水雾，朝阳照射，常常出现奇丽的彩虹，使人赏心悦目，流连忘返。

图 1—69　彩林

图 1—70　叠瀑

3. 翠海

九寨沟的海子（湖泊）终年碧蓝澄澈，明丽见底，而且随着光照变化、季节推移，呈现出不同的色调与水韵。彩池则是阳光、水藻和湖底沉积物的“合作成果”。如图 1—71 所示，一湖之中鹅黄、黛绿、赤褐、绛红、翠碧等色彩组成不规则的几何图形，随视角移动，色彩一步一态，变幻无穷。整个沟内，奇湖错落，目不暇接。百余个湖泊，个个古树环绕，奇花簇拥，宛若镶上了美丽的花边。湖泊都由激流的瀑布连接，犹如用银链和白绢串起来的一块块翡翠，各具特色，变幻无穷。

4. 雪峰

九寨沟景观五绝之一的雪峰（见图 1—72），尖峭峻拔，白雪皑皑，银峰玉柱，直

图 1—71 翠海

图 1—72 雪峰

指蓝天，景色极其壮美。藏族同胞的隆达、经幡、水转经为冬日的九寨沟增添了神秘而浪漫的色彩。

5. 藏情

九寨沟长期以来即为藏族聚居地，神秘凝重，地域特色鲜明的藏族文化与奇异的山水风光融为一体，相得益彰。

九寨沟从地域上看，处于藏、汉、羌、回等多民族文化的交汇区，因而九寨沟的藏族文化也带上了多民族文化融合影响的印记。沟内的藏寨建筑普遍使用了汉式的坡顶、垂花柱、柱角花、翘屋角、圆洞门等。此外，普遍置白石于女儿墙转角处或门楣、窗楣上，与茂县、汶川、理县等地羌族民居的“白石崇拜”不谋而合。

景点 7：黄　龙

一、黄龙概况

黄龙风景名胜区位于四川省阿坝藏族羌族自治州松潘县境内，距成都仅 300 多千米。其景点主要由黄龙沟主景区和丹云峡、红星岩、雪宝鼎、牟尼沟等外围景区，以及松潘古城组成，总面积达 1 340 平方千米，它以彩池、滩流、雪山、峡谷、古寺、民俗“六绝”著称于世，被誉为“圣地仙境，人间瑶池”。

黄龙是一个景观奇特、资源丰富、保存完好、具有重要科学价值和美学价值的世界自然遗产地。黄龙海拔在 3 000 米以上，是中国最高的风景名胜区之一。其风景区主要景观集中于长约 3.6 千米的黄龙沟，沟内遍布碳酸钙华沉积，并呈梯田状排列，仿佛是一条金色巨龙，并伴有雪山、瀑布、原始森林、峡谷等景观。

黄龙风景名胜区既以独特的岩溶景观著称于世，又以丰富的动植物资源享誉人间。从黄龙沟底部（海拔 2 000 米）到山顶（海拔 3 800 米）依次出现亚热带常绿与落叶阔叶混交林、针叶阔叶混交林、亚高山针叶林、高山灌丛草甸等植物带。包括大熊猫、金丝猴在内的10余种珍贵动物徜徉其间，使黄龙景区的特殊岩溶地貌与珍稀动植物资源相互交织，浑然天成。

黄龙不仅是中国人民的宝贵财富，也是全人类的宝贵财富。它于1992年12月与九寨沟同时被联合国教科文组织列入《世界遗产名录》。

二、黄龙水体与地质

黄龙沟背倚终年积雪的岷山主峰雪宝鼎，面临碧澄的涪江源流，沟谷顶端有玉翠峰麓，高山雪水和涌出地表的岩溶水交融流淌。随着流速缓急、地势起伏、枯枝乱石的阻隔，水中富含的碳酸钙开始凝聚，形成固体的钙华埂，使流水潴留成层叠相连的大片彩池群，绘出了黄龙奇观的第一幅天然图画（见图1—73）。碳酸钙在沉积过程中，与各种有机物、无机物结成不同质的钙华体，再加上光线照射的种种变化，形成池水同源而色泽不一的景象，人们便称它为“五彩池”。

五彩池盛不下那么多画中秀色，于是水飞浪翻一路流淌，在长达2.5千米的脊状坡地上，形成了气势磅礴的又一奇观——金沙铺地。原来，在山水漫流处，沿坡布满了一层层乳黄色呈鳞状的钙华体。阳光下伴着湍急的水波，整个沟谷金光闪闪，看上去恰似一条巨大的黄龙从雪山上飞腾而下，“龙腰龙背”上的鳞状隆起，则好像它的片片“龙甲”，这便是黄龙沟得名的缘由。

图1—73　黄龙水体

三、黄龙风景名胜

1. 丹云峡

丹云峡（见图1—74）自黄龙沟口玉笋峰至扇子洞，由于山势起伏，江水下切，涪江两岸悬崖峭壁横空出世，险峰异石嶙峋。石马关、观音岩、灶孔岩、猫儿蹲雄踞对峙，龙滴水、凌冰瀑飞流直下，绵延18千米的深山峡谷蔚为险峻壮观。时至秋日，秋潮袭来，层林尽染，好似丹云满峡，俨然一幅绚丽多姿的山水画卷。

2. 盆景池

盆景池（见图1—75）共有10多个彩池，池壁和池底都由乳黄色石灰岩凝聚而成，池中分别长有各种小而苍老的古树，花木倒映池中，妩媚动人，宛如一盆盆争奇斗艳的盆景，故而得名。

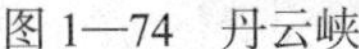

图 1—74　丹云峡

图 1—75　盆景池

3. 洗身洞

洗身洞（见图 1—76）是一座位于崖壁中的石灰岩溶洞，与盆景池相邻，它隐身于飞流直下的瀑布中，以往香客去黄龙寺皆要在此沐浴净身，故而得名。洗身洞本身小巧玲珑，洞内石笋、石钟乳千姿百态，且掩映在如纱似绢的瀑布之中，娇媚多姿，令人喜爱。

4. 雪宝鼎

雪宝鼎（见图 1—77）在藏语中称为“夏秀冬日”，意为东方海螺山，在藏、羌、回、汉多种民族的神话传说中它都异常神圣。雪宝鼎是岷山山脉的主峰，海拔 5 588 米，像一座巨大的银色金字塔，独尊于群峰之中。其周围留存着丰富的古代冰川遗迹，有数条规模巨大的现代冰川，还有近百个上万平方米的高山湖泊。

图 1—76　洗身洞

图 1—77　雪宝鼎

5. 转花玉池

转花玉池在黄龙沟顶端，玉翠峰下，是个圆形小池。泉水从地下涌出，形成旋涡，落花于水面，先在水面上旋转几圈，然后顺水流去。

6. 牟尼沟

牟尼沟景区位于松潘县城西 36 千米处，距成都 300 余千米，面积 160 平方千米，最低海拔 2 800 米，最高海拔 4 070 米，由扎嘎瀑布和二道海两部分组成。景区空气清新，阳光充沛，沟内瀑布、彩池、草场、海子、山泉、溶洞、石杯星罗棋布，自然风光迷人，民族风情浓郁，集九寨和黄龙之美，却更为幽静。

思考与练习

1．实训练习：请根据所学内容对中国自然旅游景点进行简单的分析评价。

2．实训练习：选择一个中国自然旅游景点进行导游词写作，并根据不同讲解对象进行讲解练习。

第二章

chapter 2

中国人文旅游景点

人文旅游景点是指由各种社会环境、人民生活、历史文物、文化艺术、民族风情和物质生产构成的人文旅游资源。与自然风景旅游资源不同，人文景观旅游资源可被人们有意识地创造出来，由于其各具传统特色，因此成为旅游者游览观赏的对象。

学习目标

- 掌握本章所涉及的中国人文旅游景点的所在地、主要特点等知识。
- 能运用所学习的知识及观赏方法开展对中国人文旅游景点的审美活动。
- 能运用所学的知识和技能进行景点分析评价。

第一节　古　建　筑

景点1：北京故宫博物院

一、北京故宫博物院概况

故宫（见图2—1）又称“紫禁城”，是明清两代的皇宫，位于北京市中心。故宫占地72万平方米，南北长960米，东西宽750米，建筑面积15万平方米，始建于明永乐四年（1406年），1420年建成，是中国乃至世界现存最大、最完整的古代宫殿建筑群。

图2—1　故宫全景

“紫禁城”这个名字来源于古代天文学的观点，认为恒星分为三垣，周围环绕着二十八星宿，其中紫微星垣正处中天，是所有星宿的中心，是天帝的居所，称之为紫宫。皇帝贵为天子，因此把皇宫喻为紫宫，皇宫又是禁地，不能随便往来，故称之为“紫禁城”。明清两朝共有24位皇帝在此居住和行使国家最高统治权。

故宫以乾清门为界，分前朝和内廷两大部分。前朝以太和殿、中和殿、保和殿为中心，左右辅以文华殿、武英殿，是皇帝举行重大典礼的场所。内廷以乾清宫、坤宁宫、交泰殿为中心，左右辅以东西六宫，是皇帝和后妃们居住及皇帝处理日常政务的场所。

故宫现为故宫博物院，成立于 1925 年，是我国最大的一座综合性博物馆，现存文物 100 多万件，金器、银器、铜器、瓷器、漆器、玉器、织绣、雕塑、书画等历朝历代艺术精品荟萃。故宫博物院于 1961 年被国务院公布为第一批全国重点文物保护单位，1987 年被联合国教科文组织世界遗产委员会列入《世界遗产名录》。

二、北京故宫博物院主要建筑

1. 午门

午门（见图 2—2）是故宫的正门，建于明永乐十八年（1420 年），清代重修，高 36.6 米，墩台上有崇楼五座，廊庑相连，形若朱鸟展翅，因此也叫五凤楼。主楼的东西为钟鼓楼，每逢朝会或庆典都要鸣钟鼓，以示威严声势。明代这里是处罚朝臣“廷杖”的地方，清代在这里颁发次年的历书。遇有大规模的出征或凯旋献俘，皇帝就在这里发布命令或举行受俘礼。

图 2—2 午门

2. 太和门

太和门（见图 2—3）建于明永乐十八年（1420 年），初称奉天门，是皇帝早朝处理政务的地方，称“御门听政”，清代改称太和门，御门听政移至乾清门。

图 2—3 太和门

3. 太和殿

太和殿（见图 2—4）俗称金銮殿，是故宫三大殿之一。太和殿建于明永乐十八年（1420 年），初名奉天殿，明嘉靖四十一年（1562 年）改名皇极殿，清顺治二年（1645 年）改称太和殿。

图 2—4　太和殿

现存建筑为康熙三十四年（1695 年）重建，是故宫内最高大的建筑，建在高约 8 米的三层汉白玉台基上。台基四周围绕石栏，有云龙云凤望柱，其下有排水用的精雕白石螭首 1 142 个，雨水灌注时，呈千龙吐水之奇观，远望如神话中的琼宫仙阙。

太和殿面阔 11 间，进深 5 间，重檐庑殿顶，高达 35 米，东西宽约 63 米，南北进深 37 米，面积 2 377 平方米。殿内金色的九龙宝座和屏风安置在高约 2 米的金色台基之上，宝座两侧有 6 根蟠龙金柱，每根柱上用沥粉贴金工艺绘出一条巨龙，腾云驾雾，神采飞扬。宝座上方，天花正中有向上隆起的藻井，雕有巨龙，龙头下探，口衔宝珠。整座殿堂显得十分庄严肃穆，富丽堂皇。

太和殿是举行大典的地方，明清两代皇帝登基、元旦、冬至、万寿（皇帝生日）、皇帝大婚、命将出征等，都要在这里举行仪式接受文武百官的朝贺。

4. 中和殿

中和殿（见图 2—5）在太和殿后，是故宫三大殿之一，建于明永乐十八年（1420 年），是一座单檐四角攒尖黄琉璃鎏金宝顶的方形殿宇。皇帝去太和殿举行大典前先在此小憩，接受内阁、礼部官员的朝拜。

5. 保和殿

保和殿（见图 2—6）在中和殿后，是故宫三大殿之一，建于明永乐十八年（1420 年），面阔 9 间，进深 5 间，重檐歇山顶。明朝册立皇后、皇太子时，皇帝在保和殿穿上礼服后去太和殿受贺。清代起，每年农历正月初一、十五，皇帝在此宴请蒙古、新疆的王公大臣。公主下嫁时皇帝在这里宴请驸马和王公大臣。乾隆后期，保和殿成为清朝举行殿试（科举考试的最高一级考试）的固定场所。

图 2—5　中和殿

图 2—6　保和殿

6. 乾清宫

乾清宫（见图 2—7）在内廷的最前面，为故宫内廷三大宫之一，建于明永乐十八年（1420 年），面阔 9 间，进深 5 间，正中设宝座，分东西暖阁，重檐庑殿顶。这里

图 2—7　乾清宫

是皇帝居住和处理日常事务的地方。明代 14 个皇帝和清代的顺治、康熙两位皇帝都以乾清宫为寝宫。清代雍正帝移居养心殿后，这里便成了举行内廷典礼、引见官员的地方。

正殿内“正大光明”横匾后是放清代皇帝传位诏书匣的地方。鉴于历代皇子之间因争夺皇位继承权而相互残杀，清雍正帝确立了秘密立储制度。皇帝在位时不公开确立太子，而是将选定继承帝位人的名字秘密书写两份，一份用小匣封装起来放在“正大光明”匾额的背后，另一份随身携带，待皇帝死后两份对照无异，新君即可即位。此外，乾清宫还是皇帝死后停灵的地方。

7. 交泰殿

交泰殿（见图 2—8）在乾清宫后，为故宫内廷三大宫之一。殿平面呈方形，面阔和进深均为 3 间，黄琉璃瓦四角攒尖鎏金宝顶，形制与中和殿基本相同，但体量较小。明清两朝，该殿是皇后过生日即千秋节等节庆大典时，接受朝贺和举行亲蚕仪式的地方。

图 2—8　交泰殿

交泰殿内摆放了 25 块玉玺，这是乾隆帝取《周易》中“天数二十有五”之意，将代表皇权的 25 块玉玺收藏于此殿，希望大清江山能传 25 代。

8. 坤宁宫

坤宁宫（见图 2—9）在交泰殿后面，为故宫内廷三大宫之一，是明代皇后的寝宫。清顺治时仿沈阳盛京皇宫的清宁宫形制而改建。坤宁宫面阔 9 间，西侧是祭神的地方，每天早晚都有祭神活动，所祭的神像包括释迦牟尼、关圣帝（关羽）、蒙古神等。

图 2—9 坤宁宫

9. **御花园**

御花园（见图 2—10）在坤宁宫的后面，明代称宫后苑，东西长 130 米，南北宽 90 米，占地约 1.2 万平方米。御花园布局紧凑，以钦安殿为中心，左右对称，前后呼应，分布着 10 余座亭台楼阁，曲池水榭，古色古香，极为幽雅。

图 2—10 御花园

御花园内共有十几棵连理树，多由松、柏培育而成。钦安殿前的连理树已有 400 余年的历史。

10. 养心殿

养心殿（见图 2—11）在乾清宫的西侧。自清代雍正帝开始，把皇帝寝宫从乾清宫移到养心殿。养心殿平面呈“工”字形，前殿的东暖阁，是同治和光绪年间慈禧（西太后）和慈安（东太后）“垂帘听政”的地方。

图 2—11　养心殿

西套间原为皇帝读书和休息的地方，1746 年，乾隆将王羲之的《快雪时晴帖》、王献之的《中秋帖》和王珣的《伯远帖》收存于此，视为三件稀世之宝，因此改名为“三希堂”。

三、故宫珍藏

游览故宫，除了欣赏丰富多彩的建筑艺术，还可以观赏陈列于室内的珍贵文物。故宫博物院藏有大量珍贵文物，据统计总共达 1 052 653 件之多，统称有文物 100 万件，占全国文物总数的 1/6。在全国保存一级文物的 1 330 个收藏单位中，故宫博物院以 8 273 件（套）高居榜首，并收有很多绝无仅有的国宝，几个宫殿中设立了历代艺术馆、珍宝馆、钟表馆等。

故宫的东西六宫是嫔妃居住的地方，俗称“三宫六院”。现在东六宫大都改为古代艺术品陈列馆，其中有明清工艺美术馆、陶瓷馆、青铜器馆、钟表馆、绘画馆、珍宝馆。以参观珍宝馆和钟表馆的人数最多，钟表馆设在奉先殿，珍宝馆设在故宫东北角的养性殿、乐寿堂、颐和轩。珍宝馆中有闪闪发光的金银器皿、珍珠翡翠，还有金丝凤冠、象牙玉雕，各类珍宝举世无双。

景点 2：布 达 拉 宫

一、布达拉宫概况

布达拉宫（见图 2—12）坐落在西藏自治区首府拉萨市区西北的玛布日山（又名红山）上。宫殿海拔 3 700 多米，主楼高 13 层，相对高度 117 米，东西长 400 多米，南北宽约 300 米，面积约 13 万平方米，是西藏自治区保存最完整、规模最宏大的古建筑群。

图 2—12　布达拉宫

布达拉宫始建于 7 世纪吐蕃松赞干布时期，距今已有 1 300 多年的历史。当时松赞干布与唐朝联姻，为迎娶文成公主始建此宫。因为松赞干布把观音菩萨作为自己的本尊佛，所以就用佛经中菩萨的住地“布达拉”来给宫殿命名，称作“布达拉宫”。9 世纪，由于吐蕃王朝分裂，布达拉宫在混战中被毁，仅存法王洞。洞内供着据传是松赞干布生前所造的自己和文成公主、尼泊尔尺尊公主等人并列的塑像。1645 年，五世达赖喇嘛洛桑嘉措开始重建布达拉宫，到 1693 年基本完工，总共历时 48 年，耗资约 213 万两白银，其后又陆续扩建，才形成今日的规模。

1961 年，布达拉宫被国务院公布为第一批全国重点文物保护单位。1994 年，布达拉宫被联合国教科文组织列入《世界遗产名录》。

二、布达拉宫主要建筑

布达拉宫的主体建筑就其功能主要分为两大部分，一是达赖喇嘛生活起居的“白宫”，二是有历代达赖喇嘛的灵塔和各类佛殿的“红宫”。

1. 白宫

白宫（见图 2—13）始建于 1645 年，历时 8 年建成，因为外墙被涂成白色而得名。

白宫是历代达赖喇嘛生活起居的宫殿，共 7 层。

白宫最顶层是达赖的寝宫“日光殿”，因殿内日光充足而得名。日光殿分东西两部分，西日光殿是原殿，东日光殿是后来仿造的，两者布局相仿，分别是十三世和十四世达赖的寝宫，也是他们处理政务的地方。殿内包括习经堂、会客室、休息室和卧室，陈设均十分豪华。殿外有一个宽大的阳台，从这里可以俯视整个拉萨城。白宫的第 6 层和第 5 层都是生活和摄政办公用房。白宫第 4 层是东大殿，是白宫最大的殿宇，面积有 717 平方米，历代达赖喇嘛在此举行坐床、亲政大典等重大宗教和政治活动。殿内设达赖宝座，四壁绘有宗教故事和历史人物壁画。白宫外部有“之”字形的上山蹬道，分别通向东西两门。

图 2—13　白宫

白宫东侧的半山腰有一块宽阔的广场，面积达 1 600 平方米，称作德阳夏，是达赖喇嘛观看戏剧和举行户外活动的场所。每年藏历十二月二十九日是“施食节”，这里都要举办盛大的歌舞和跳神活动，各级僧侣官员、普通百姓都会前来观看，达赖喇嘛就在白宫的最顶层向下观看。

2. 红宫

红宫（见图 2—14）位于布达拉宫的中央位置，因外墙为红色而得名。红宫建于 1690 年，当时，清康熙皇帝还特意从内地派了 100 余名汉、满、蒙工匠进藏，参与扩建布达拉宫这一浩大的工程。

红宫的主体建筑是各类佛堂和达赖喇嘛的灵塔。宫内有五世、七世、八世、九世、十世、十一世、十二世、十三世达赖喇嘛的灵塔共 8 座。其中以五世达赖喇嘛的灵塔最大，建于 1691 年，高 14.85 米，塔身用金皮包裹，镶珠嵌玉，据说共用黄金 3 721 千克，珍珠、宝石、珊瑚、琥珀、玛瑙等 18 677 颗。另一座规模宏大的灵塔是十三世达赖喇嘛的，塔高 14 米，用金箔 590 千克，而镶嵌的宝石、珊瑚、玛瑙价值是黄金的

图 2—14 红宫

10 倍。十三世达赖喇嘛的灵塔四周还有记载他一生事迹和他 1908 年去北京朝见清朝光绪皇帝和慈禧太后的壁画。

五世达赖灵塔殿的享堂西大殿（藏语称“司西平措”，即圆寂之意）是红宫中最大的殿堂，高 6 米多，面积达 725 平方米。殿内正中上方悬挂乾隆皇帝亲书的“涌莲初地”匾额，下置达赖宝座。殿堂内有壁画 698 幅，大多是记载五世达赖的生平事迹，其中有一面墙上是 1652 年五世达赖进京觐见顺治皇帝的壁画。

沙松朗杰殿堂（又称“殊胜三界殿”）是红宫最高的殿堂，于 1679 年由七世达赖所建。殿内存放着雍正皇帝赐予七世达赖的北京版《丹珠尔》经书。殿内供有乾隆皇帝的绣像和用汉、满、蒙古、藏四种文字写的“当今皇帝万岁万万岁”的牌位。西墙有尊十三世达赖时所立的十一面千手观音像，是用万余两白银铸造的。当达赖或班禅圆寂后，挑选转世灵童的金瓶掣签仪式也曾在此举行。

红宫的屋顶平台上布满各灵塔殿的金顶，全部是单檐歇山式，以木制斗拱承托外檐，上覆鎏金铜瓦。顶端立有一大二小的三座宝塔，金光灿灿，耀眼辉煌。屋顶外围的女墙用一种深紫红色的灌木垒砌而成，外缀各种金饰，墙顶立有巨大的鎏金宝幢和红色经幡。在整个布达拉宫的建筑艺术中，这儿是画龙点睛之笔，使得蓝天之下的红宫更加充满了升腾感和宗教气氛。

三、布达拉宫珍藏

始建于七世纪并在近 300 多年中多次重建、扩建的布达拉宫，收藏保存了极为丰富的历史文物和工艺品，堪称西藏历史文化艺术的博物馆。其中，2 500 多平方米色彩鲜艳、人物形象栩栩如生的壁画是布达拉宫的一绝。壁画题材主要有宗教故事、风土人情、人物传记和历史上布达拉宫建造的场面。

宫内还有塑于唐代的松赞干布和文成公主像，塑于清代的形态各异的金、银、铜、铁、玉佛像和无数的法器、神龛，并藏有佛教创始人释迦牟尼和他的弟子迦叶佛的舍利子，以及隋代和唐代的释迦牟尼木雕像。

宫中还有大量的唐卡（佛教卷轴画），以及贝叶经、丹珠尔经等珍贵文物典籍。历代中央政府敕封西藏地方政府领袖达赖喇嘛的金册、金印、玉印、诰命等也珍藏在宫中。

布达拉宫是西藏最珍贵的宗教、艺术和文化的宝库。

景点 3：八达岭长城

一、八达岭长城概况

八达岭长城在北京北部延庆县境内，距离北京市 70 多千米。明代《长安夜话》中说："路从此分，四通八达，故名八达岭，是关山最高者。"八达岭自古便是重要的军事战略要地。

长城是中华民族的象征，是世界七大建筑奇迹之一。长城始建于春秋战国时代，当时各诸侯国为了互相防御，便各在形势险恶地带修筑长城。秦始皇统一六国以后，将各段长城连接起来，此后经过历代的增补修筑，建成了一条以秦长城为基础的明长城，它全长 6 000 千米，东起鸭绿江，西至甘肃的嘉峪关。现在我们能看到的长城几乎都是明代所建。八达岭长城是明长城中保存最完好的一段，也是最具代表性的一段，是明代长城的精华。

1961 年 3 月，"万里长城——八达岭"被确定为第一批国家级文物保护单位，1982 年被列为国家重点风景名胜区，1986 年被评为全国十大风景名胜之首，1987 年被联合国教科文组织列入《世界遗产名录》，1992 年被评为"北京旅游世界之最"中的第一名，1995 年被中国关心下一代工作委员会命名为全国爱国主义教育基地，2007 年 5 月 8 日经国家旅游局正式批准为国家 AAAAA 级旅游景区。

"不到长城非好汉"。迄今为止，八达岭长城已接待中外游客 1 亿余人，先后有尼克松、里根、撒切尔、戈尔巴乔夫、伊丽莎白女王等 300 多位世界政要及知名人士登上八达岭观光游览。这种情况，在世界其他风景名胜中也属罕见。

中国人民银行发行的第一套人民币中的 200 元纸币，其中一版为长城图案。中国人民银行发行的第三套人民币 1 元硬币和第四套人民币 1 元纸币背面也是长城图案，如图 2—15 所示。

图 2—15　人民币中的长城图案

二、八达岭长城主要建筑

1. 关城

八达岭长城筑有东西两座关城（见图 2—16），建于明代弘治十八年（1505 年），城高 7.5 米，厚约 4 米，东西两座关门相距 63.9 米，城内面积约 5 000 平方米。东门额题“居庸外镇”，西门额题“北门锁钥”。“居庸外镇”一词，系指此处为居庸关的前哨阵地。“北门锁钥”一词，出自《左传》，“郑人使我掌其北门之管”。用“北门锁钥”来比喻八达岭关山之险非常贴切。居庸关是古代北京的门户，八达岭就像是一把坚固的铁锁，八达岭一旦失守，北京将会受到严重的威胁。

图 2—16　关城

2. 岔道城

在八达岭火车站附近，有一座气势雄浑、建筑坚固的大城堡，这就是关城的前哨指挥部——岔道城。据《居庸志略》记载：“八达岭为居庸之禁扼，岔道又为八达岭之藩篱。”当时设有“把总”3 名，驻兵达 800 员，此处在八达岭长城中起着十分重要的军事防御作用。

3. 古炮

在长城入口处的马道旁，有五尊明代制造的铁炮。其中最大的一尊铁炮，筒长 2.85 米，口径 105 毫米，射程达千米以上，此炮名为“神威大将军”，为明代崇祯十一年（1638 年）制造。另外四尊牛腿小炮，为 1957 年整修长城时的出土文物，同时还发掘出数百枚炮弹，均为明朝制品。

4. 城墙

城墙（见图 2—17）高 6 ~ 9 米，平面呈梯形，底宽 6.5 ~ 7.5 米，顶宽 4.5 ~ 5.8 米，可容五马并骑，十人并进。墙两侧用花岗岩石条包砌，石条宽 0.5 米、高 0.4 米、长 0.8 ~ 1 米不等，最长达 3.1 米，重 1.5 ~ 1.7 吨。墙体内夯泥土碎石，特别坚固整齐。墙顶的外侧，筑有 1.7 ~ 2 米高的堞墙与垛口。垛口下部有一个向下倾斜的洞，叫“射击洞”，用于射箭。同时，在墙顶内侧还砌有宇墙，俗称女儿墙，起安全作用。宇墙一侧，每隔一定距离开辟券洞门一座，内铺石阶通到城墙顶上，供当年守兵上下之用。其两侧还设有流向内侧的排水沟和吐水嘴等。

图 2—17　城墙

5. 墙台

墙台多建于平缓处，其高度稍高出长城墙顶，外砌垛口，内筑宇墙，上有简屋，供古代士兵们巡逻放哨时躲避风雨之用。

6. 敌台

敌台也叫敌楼，建筑于长城墙顶，一般为正方形或长方形，分上下两层。上层设有瞭望口和射孔，并置有燃放信号的设备；下层辟有券门、楼梯，可存放兵器、粮食，并能驻兵。

7. 战台

战台一般修筑于长城沿线的交通要道或地势险要之处，为碉堡式建筑，共三层。下层是一无门窗的高台；中层为空室，内可储兵器、弹药及其他作战物资，并有射箭窗口；上层四面有垛口，供瞭望用，还可以收放绳梯上下。

8. 墩台

墩台又称烽火台，建筑于长城沿线两侧的险要之处或视野开阔的岗峦上，属长城防御工事的重要组成部分。一般每隔 2.5 ~ 5 千米筑有一个烽火台，用以传递军情。发现敌情，白天燃烟，夜里点火，同时放炮，只要一台燃放烟火，便逐台相传点燃，设于远处的指挥机构就可以迅速得知敌情。这是古代行之有效的科学通信方法，我国约在 2 700 多年前的周朝就已采用了。

景点 4：天坛公园

一、天坛公园概况

天坛公园位于天安门南约 3 千米处，占地 273 万平方米，是我国现存规模最大的坛庙建筑群。天坛建成于明永乐十八年（1420 年），距今已有近 600 年的历史，原名“天地坛”，明嘉靖十三年（1534 年）因另设地坛而改称天坛。

天坛原是明清两代帝王祭天和祈祷丰年的地方，1918 年作为公园向大众开放。新中国成立后，政府对天坛进行了有计划、有步骤的大规模修缮，使天坛恢复了原来的神韵和风貌。

天坛有内外两重坛墙。内外坛墙的北面是圆形，南面是方形，象征“天圆地方”。北墙明显高于南墙，表示了“天高地矮”的意思。

天坛的建筑设计十分考究，主体建筑祈年殿、皇穹宇、圜丘坛均集中在南北向的中轴线上，各个单体建筑之间用墙相隔，并由一座长 360 米、宽 30 米的石桥相连。

二、天坛公园主要建筑

1. 圜丘坛

圜丘坛（见图 2—18）位于天坛南部，是皇帝在冬至日祭天的地方，故又称“祭天台”或“拜天台”。圜丘坛始建于明嘉靖九年（1530 年），原坛面及护栏都用蓝色琉璃砖砌成，清乾隆十四年（1749 年）扩建，栏板、望柱改用汉白玉。

圜丘坛为露天三层白石圆坛，所用建筑材料数量均为 9 或 9 的倍数，如上、中、下层的护栏板数分别为 72 块、108 块、180 块。古人把单数一、三、五、七、九称为“阳数”，又叫“天数”，而九则是阳数之极。所以，圜丘的层数、台面的直径、四周的栏板数均用天数，表示天体至高至大。

图 2—18　圜丘坛

圜丘坛的上层中心嵌有一块圆形石板，叫“天心石”。站在天心石上高呼，回声很大，好似一呼百应，这是声波折射的缘故。从上空看圜丘坛，就像是一座立体靶环。

2. 皇穹宇

皇穹宇（见图 2—19）位于圜丘坛北面，是供奉圜丘祭天神位的处所。皇穹宇建于明嘉靖九年（1530 年），初名“泰神殿”，后改称“皇穹宇”，原为重檐圆攒尖顶建筑，清乾隆十七年（1752 年）改建鎏金宝顶、单檐蓝瓦圆攒尖顶，高 19 米，直径 15.6 米。殿内由 8 根檐柱、8 根金柱支托屋顶，上面是弧形短梁。大殿建在高 2.88 米、直径 19.2 米的圆形石台上，周围有栏板 49 块。

图 2—19　皇穹宇

殿内供奉的是“皇天上帝”牌位。当年皇帝祭礼仪式完毕，就将“皇天上帝”牌位送回皇穹宇。殿前东西各有配殿 5 间，为蓝色琉璃瓦顶，存放圜丘祭祀日、水、火、土、金、木、北极、月等星神以及云师、雨师、风师、雷师的神牌。

其正殿及东、西配殿共围于一圆墙之内，直径 61.5 米，长约 193 米，高 3.72 米，厚 0.9 米，这个围墙就是有名的“回音壁”（见图 2—20）。两人分站东西墙根，一人靠墙低声说话，另一人能清晰听到。另外，正殿前还有一块奇妙的回音石，站在上面喊话或击掌一次，能听到三次回音，故得名“三音石”，这是由于声波折射距离的不同所致。

图 2—20 回音壁

3. **丹陛桥**

丹陛桥（见图 2—21）又名神道，也称海墁大道，是一条南北走向的由皇穹宇通向祈年殿的石砌台基大道，全长 360 米，宽约 30 米，整个桥体由南向北逐渐升高。如此设计建造，一则象征皇帝步步高升，寓升天之意，二则表示从人间到天上，具有遥远的路程。大道分为 5 路：中心线的石板道叫“神道”，是神仙专用道；左为“御道”，是皇帝专用道；右为“王道”，是王公大臣们的走道；最外边的两道是群臣专用走道。登桥四顾，北面祈年殿辉煌绚丽，南面圜丘巍峨奇特，大道两侧遍植松柏，天高地阔，仿佛置身于仙境之中。

图 2—21 丹陛桥

4. 祈年殿

祈年殿（见图2—22）建于明永乐十八年（1420年），原名天地坛，是天坛的主体建筑，每年正月上辛日皇帝都在这里举行祭天仪式，祈祷风调雨顺、五谷丰登。祈年殿是一座三重檐尖顶圆形大殿，高38米，直径32.72米，殿内正中4根柱子高达19.2米，直径1.2米，象征一年中的春夏秋冬四季；中层的12根金柱，象征一年的12个月；外层的12根檐柱，象征一天的12个时辰；内外层相加24根，象征一年的24个节气。殿顶中央有龙纹藻井，富丽堂皇，光彩夺目。地面正中，是一块圆形大理石，上面有天然的龙凤花纹，极其精致，人称“龙凤石”，与龙纹藻井上下对称。

图2—22 祈年殿

整个大殿建在高6米的三层汉白玉圆形台基上，上层台面直径68.8米，中层台面直径74.4米，下层台面直径80米，周围栏板420块，南北各有三个台阶，东西各有一个。殿前东西两侧各有配殿一座，背后为皇乾殿，前后左右连成一气，显得庄严、雄伟、气势磅礴。

5. 皇乾殿

皇乾殿（见图2—23）位于祈年殿的北面，始建于明永乐十八年（1420年），原为6开间黄琉璃瓦顶的殿堂，嘉靖二十四年（1545年）改建成5开间蓝琉璃瓦顶建筑。殿内原安置皇天上帝和皇帝祖先牌位，后来，祭祀仪式中所使用的旌旗、仪仗、乐器等物亦存放于此。

6. 斋宫

斋宫（见图2—24）在天坛西天门以南，是一座坐西朝东的方城，面积4万平方米，是皇帝祭天前沐浴斋戒的地方。斋宫外围有两重“御沟”，四周以回廊163间环绕，是守卫兵丁遮蔽风雨的地方。正殿月台上有斋戒铜人亭和时辰亭，东北隅有钟楼一座，内悬一口永乐年制太和钟。

图 2—23　皇乾殿

图 2—24　斋宫

正殿为 5 间，顶部用绿色琉璃瓦覆盖，而不用帝王宫殿专用的黄色琉璃瓦覆顶，表示皇帝也要对天称臣。殿为砖石结构，无梁柱，俗称“无梁殿”，寓意帝王心灵像无梁殿一样虚空无邪，至敬至诚，以示对“皇天上帝”的敬意。

7. 万寿亭景区

在祈谷坛以西的绿树丛中，有几处精巧别致的亭台。北面的万寿亭（见图 2—25）截面恰似套环，亭体由两个重檐园亭衔接并合而成，结构精巧，造型新颖，为我国木结构建筑中少见。万寿亭两翼，各有一座小巧的方亭，名为“方胜亭”，亭子之间以游廊贯穿连接。亭子和游廊的梁枋上，绘有山水、人物、花卉和西湖风景等画。万寿亭以南有一座扇面式建筑，名为“扇面亭”，灰色瓦顶，苏式彩画，玲珑小巧，别具特色。在万寿亭东南，还有一座六角彩亭，名为“百花亭”，与西北的万[illegible]、方胜亭、扇面亭遥相对望，使得天坛风景更加丰富多彩。

图 2—25　万寿亭

天坛的整个设计、布局、色彩都象征着“天”，其设计之精、构筑之巧、风格之奇、科技应用之妙，在世界古典建筑中独树一帜，是世界建筑史上的一大奇迹。1961 年，国务院公布天坛为全国重点文物保护单位。1998 年，天坛被联合国教科文组织列入《世界遗产名录》。2007 年 5 月 8 日，天坛公园经国家旅游局正式批准为国家 AAAAA 级旅游景区。

第二节　佛 教 石 刻

景点 1：敦煌莫高窟

一、敦煌概况

“敦，大也；煌，盛也。”敦煌是国家级历史文化名城，距今已有 2 000 多年的历史，它是丝绸之路河西道、羌中道（青海道）、西域南北道交汇处的大边关要塞。敦煌石窟是佛徒修行、礼拜和进行法事的石窟寺，位于今甘肃省敦煌地区，计有敦煌莫高窟、西千佛洞、安西榆林窟、东千佛洞及肃北蒙古族自治县五个庙石窟等。在古代，上述石窟都在敦煌郡境内，其内容及艺术风格同属一脉，因此总称为敦煌石窟，其中又以莫高窟建成最早、规模最大、内容最丰富，其余则为莫高窟的分支。莫高窟是当今世界规模最宏大、内容最丰富、艺术最精湛、保存最完整的佛教石窟寺。

敦煌的佛教艺术作品，上起东晋，下迄宋元，连绵千年，又适与佛教入华至华化时期相合，因此最可以看出佛教艺术在中国的演变。早期的印度作风与宋元时代人物、面貌、衣饰的全然华化，中国精神之同化力在此表露无遗。

敦煌历经了汉风唐雨的洗礼，文化灿烂，古迹遍布，有莫高窟、榆林窟、西千佛洞等主要景观。莫高窟又名敦煌石窟，素有“东方艺术明珠”之称，是中国现存规模最大的石窟，保留了十个朝代、历经千年的洞窟 492 个、壁画 45 000 多平方米、彩塑 2 000 多座。题材多取自佛教故事，也有反映当时的民俗、耕织、狩猎、婚丧、节日等的壁画。这些壁画彩塑技艺精湛无双，被公认为是“人类文明的曙光”、世界佛教艺术的宝库。敦煌的自然风光同样毫不逊色，沙漠奇观鸣沙山（见图 2—26）和月牙泉（见图 2—27），橙黄的沙山和清澈的泉水相互依存，延续千年不变，景色奇异迷人。阳关及玉门关虽只余下断壁残垣，置身其间，却仍能隐隐感受到边关的铁马金戈之气，使人不得不慨叹历史的沉重和苍凉。

图 2—26 沙漠奇观鸣沙山

图 2—27　月牙泉

二、敦煌人文

1900 年，5 万多卷宗教和世俗文书的发现，使敦煌莫高窟从此享有了“世界艺术宝库”和“世界现存佛教艺术最伟大宝库”的双重桂冠。1987 年 12 月，联合国教科文组织将莫高窟列为世界文化遗产。

莫高窟的艺术特点表现在建筑、塑像和壁画三者的有机结合上，其彩塑技艺造诣精深，想象力浪漫丰富，壁画构图宏伟多变、用色浓艳繁复、线条细密流畅，具有极强的艺术感染力。窟形分禅、影、殿堂、塔庙、穹隆顶窟等多种形制，彩塑分圆塑、浮塑、影塑、善业塑等表现形式，壁画分尊像、经变、故事、佛教史迹、建筑、山水、供养、动物、装饰画等不同内容，时间跨度达 1 600 余年，是人类稀有的珍贵文化宝藏。

三、敦煌主要景点

1. 莫高窟

莫高窟是一座集古建筑、雕塑、壁画的综合艺术殿堂，是我国现存规模最大、内容最丰富的古代文化艺术宝库，是举世闻名的佛教文化艺术中心。敦煌莫高窟的修建，据唐代的文字记载（莫高窟三三二窟的李怀让《重修莫高窟佛龛碑》及一五六窟前壁上墨书《莫高窟记》），是在苻秦建元二年（366 年，东晋名画家顾恺之活跃的时期），沙门乐尊云游到了敦煌，见鸣沙山上金光万道，状有千佛，于是萌发开凿之心。其后又有来自东方的法良禅师，先后各造了相邻近的佛龛。魏代洞窟多集中在第二层的中央部分约 200 米长的崖壁上，隋代的修建是从两端分别向南北延长，唐代的洞窟继续向南北两端发展，宋代以后各窟多是用旧窟重修改建的。这些洞窟中的魏代到宋代的一部分比较重要，因为这一时期现存的美术实例非常稀少，特别是绘画艺术的实例。

敦煌莫高窟石窟艺术中，最著名的是壁画，至今还保存了 486 个窟的壁画，被誉为“世界艺术画廊”。各时期壁画的风格又不一样。北魏的敦煌壁画描绘了苦行故事，如“舍身饲虎”和“强盗挖目”，人生犹在地狱之中，阴森恐怖，表现在线条运用上是粗犷而强烈，没有柔和、可亲的感情。到唐代壁画，则已完成了中国化，其场面之巨大，结构之严谨，配色之匀称，变化之多端，实为罕见。譬如第 172 窟《西方净土变》，勾画了极乐世界的美丽图景，佛、菩萨、诸大力士也都是美与力的化身；而第 156 窟的《张议潮统军出行图》则生动活泼，气势磅礴，飞天也动态优美，活灵活现。这一切形成唐代佛教洞窟壁画富丽、明净、大方，既有磅礴之势，又有细巧意境的风格。这真是一部形象的百科全书，生动地展示了 4 世纪到 14 世纪千年的社会历史图景。西方学者将敦煌壁画称作是“墙壁上的图书馆”。

飞天（见图 2—28）是佛教艺术中最生动活泼的形象，是莫高窟的名片，是敦煌艺术的标志，是天歌神和天乐神的合称。莫高窟 492 个洞窟中，就有 270 个绘有飞天，共有 4 500 余身。他们的职能是侍奉佛陀和天帝释，因能歌善舞，身体还散发着香气，所以又叫香音神。按佛经的描述，飞天的形象似人非人，头上长角，并不美，但经艺术家之手却都成了形貌俊美的天男天女，还精于幻术。敦煌飞天和整个敦煌艺术一样是中西文化交流的结晶，是在中国传统艺术基础上吸收并融合了外来艺术营养而发展起来的。

图 2—28　敦煌飞天

莫高窟的雕塑属于彩塑，据统计，共有 2 415 身塑像。因为这里的石质较粗，不能凿成佛像，所以工匠们才用泥塑。他们在艰苦的工作条件下，凭着简单的工具，用自己熟练的技巧和丰富的想象力创作出不同风格的彩塑。

北魏时期的塑像体格高大，额部宽广，鼻梁高隆，眉眼细长，头发呈波浪状，袒露上身，看得出浓重的印度艺术的风格。

隋代的塑像，面相丰满，鼻梁降低了，耳朵加大了，脸部线条柔和了，整个肢体比例虽然还不相称，但已经像中国人了，表现出民族的风格。

唐代，莫高窟雕塑达到了顶峰，共有670多身，占全部雕塑的四分之一还多。这些雕塑抛弃了模仿的痕迹，面容温和慈祥，神情庄严从容，服饰华美。天王像表现了男子的健美，让人感到威严、正直、勇猛、坚毅。菩萨像身段秀美，圆滑的面容，嘴角带着妖媚的微笑，薄薄的衣裙飘飘欲动，袒露着胸臂，与其说是宗教里的“神”，不如说是隋唐时代现实生活中的美丽妇女。莫高窟使参观者赞叹不已，流连忘返。

2. 东千佛洞

东千佛洞是敦煌石窟群之一，位于今甘肃省瓜州县城东南86千米的峡谷两岸。东千佛洞现存洞窟23个，有壁画、塑像者8窟，东岩3窟，西岩5窟，多为单室窟，形制有长方形中心柱隧道窟、圆形穹窿顶窟、方形平顶窟，其中第二、四、五、七窟均为长方形中心柱窟，尚存部分佛、菩萨塑像，但多为清代重修，唯第四窟西夏高僧像，身着俗装，保存完好。壁画分布四壁，内容可分为五类，有经变画、密宗图像、尊像画、装饰图案和供养人画像。

3. 西千佛洞

西千佛洞开凿于敦煌市西南35千米处的党河河岸的悬崖峭壁上，因地处莫高窟西端，被称为西千佛洞。从敦煌市西南行至阳关途中，道左不远处即为党河，河床北岸为寸草不生的戈壁滩，南岸是逶迤的沙山，西千佛洞就位于沙山尽头的河床北岸陡崖上。西千佛洞的始创年代应早于莫高窟，至少应与莫高窟同时代建造。

西千佛洞规模虽小，但风光绮丽，环境幽雅。西千佛洞是敦煌佛教艺术体系的组成部分，现存北魏至宋代17个洞窟，其中一至三窟为唐代窟，四至八窟为魏代窟，十六窟为晚唐窟，其他洞窟因风化模糊，年代难以确定。其洞窟形制及壁画艺术风格与莫高窟同时作品相同。

4. 榆林窟

榆林窟俗称万佛峡，位于甘肃省瓜州县城西南约70千米的榆林河两岸，与莫高窟在内容、艺术风格、绘画形式方面一脉相承，同为姊妹窟。榆林窟现存41窟，其中东岸30窟，西岸11窟，无纪年题记，依洞窟形制和壁画判断，唐4窟、五代8窟、宋12窟、西夏4窟、元代4窟、清9窟。榆林窟壁画保存完好，内容丰富，主要有经变、佛像、密教图像、佛教史迹、装饰图案、供养人等。其中有些形象为其他地区石窟所未见，如描写瓜州节度使曹氏家族的供养像（第十九窟）、都勾当画院画家的形象、沙州工匠都勾当画院使保供养像、知画手武保琳供养像（第三十五窟）、西夏时期党项武官画像、唐僧取经图等。其壁画的艺术手法多种多样，有铁线描、高古游丝描、兰叶描等。

景点 2：云冈石窟

一、云冈石窟概况

云冈石窟（见图 2—29）位于山西省大同市西郊武周山麓，石窟依山开凿，东西绵延 1 000 米，是我国规模最大的古代石窟群之一。据文献记载，北魏和平年间（460—465 年）由一位著名的和尚昙曜主持，在今大同市西郊开凿石窟 5 所，现存云冈第十六窟至二十窟，就是当时开凿最早的所谓“昙曜五窟”，参加开凿的人数多达 4 万余人。当时狮子国（今斯里兰卡）的佛教徒，也参与了这一举世闻名的伟大艺术创作。其他主要洞窟，也大多完成于北魏太和十八年（494 年）孝文帝迁都洛阳之前。从石窟所保存的纪年铭刻和艺术风格上看，这处宏伟的艺术工程基本上都是北魏的遗物，距今已有 1 500 多年的历史。云冈石窟现存洞窟 53 个，石雕造像 51 000 余尊，大佛最高者 17 米，最小者仅几厘米。云冈石窟以气势宏伟、内容丰富、雕刻精细著称于世。古代地理学家郦道元在《水经注》中这样描述它：“凿石开山，因岩结构，真容巨壮，世法所稀，山堂水殿，烟寺相望。”这是当时石窟盛景的真实写照。云冈石窟雕刻在吸收和借鉴印度犍陀罗佛教艺术的同时，有机地融合了中国传统艺术风格，在世界雕塑艺术史上也占有十分重要的地位。今天，它已成为中外游人倾慕和向往的旅游胜地。

图 2—29　云冈石窟雕刻

二、云冈石窟主要景点

1. 第一、二窟

第一、二两窟为双窟，位于云冈石窟东端。一窟中央雕出两层方形塔柱，后壁立像为弥勒，四壁佛像大多风化剥蚀，南壁窟门两侧雕维摩诘、文殊，东壁后下部的佛本生故事浮雕保存较完整。二窟中央为一方形三层塔柱，每层四面刻出三间楼阁式佛龛，窟内壁面还雕出五层小塔，是研究北魏建筑的形象资料。

2. 第三窟

此窟为云冈石窟中规模最大的洞窟。前面断壁高约 25 米，传为昙曜译经楼，窟分前后室，前室上部中间凿出一个弥勒窟室，左右凿出一对三层方塔。后室南面西侧雕刻有面貌圆润、肌肉丰满、花冠精细、衣纹流畅的三尊造像，本尊坐佛高约 10 米，两菩萨立像各高 6.2 米。从这三像的风格和雕刻手法看，可能是初唐（7 世纪）时雕刻的。

3. 第四窟

第四窟的中央雕一长方形立柱，南北两面各雕六佛像，东西各雕三佛像。南壁窟门上方有北魏正光纪年（520—525 年）铭记，这是云冈石窟现存最晚的铭记。

4. 第五窟

第五窟位于云冈石窟中部，与第六窟为一组双窟。窟分前后室，后室北壁主像为三世佛，中央坐像高 17 米，是云冈石窟最大的佛像。窟的四壁雕满佛龛、佛像，拱门两侧刻有二佛对坐在菩提树下，顶部浮雕飞天，线条优美。两窟窟前有五间四层楼阁，现存建筑为清初顺治八年（1651 年）重建。

5. 第六窟

第六窟平面近方形，中央是一个连接窟顶的两层方形塔柱，高约 15 米。塔柱下面叫层大龛，南面雕坐佛像，西面雕倚坐佛像，北面雕释迦多宝对坐像，东面雕交脚弥勒像。塔柱四面大龛两侧和窟东、南、西三壁以及明窗两侧，雕出 33 幅描写释迦牟尼从诞生到成道的佛传故事浮雕。此窟规模宏伟，雕饰富丽，技法精练，是云冈石窟中最有代表性的一个窟。

6. 第七、八窟

第七、八两窟为一组双窟，两窟窟前有三层木构窟檐。七窟分前后室，后室北壁主像是三世佛，东、西、南三壁布置了本生故事浮雕和表现佛传故事的佛龛。八窟四壁雕像风化严重，门拱西侧刻有五头六臂乘孔雀的鸠摩罗天，东侧刻有摩醯首罗天，雕刻技巧与造型都较成熟，这种题材在云冈石窟是罕见的特例。

7. 第九、十窟

第九、十两窟为一组双窟，九窟分前后室，前室南壁凿成八角列柱，后室窟门上凿明窗。前室东西壁雕出三间仿木构建筑的佛龛，壁面刻满佛像、飞天。后室北壁主像是释迦佛。十窟也分前后室，后室门拱内外两面有精雕的图案花纹，结构严谨，富于变化。

8. 第十一至十三窟

第十一至十三窟为组石窟。第十一窟正中凿出方柱，四面各雕上下龛。东壁上部有北魏太和七年（483 年）造像题记，是研究云冈石窟开凿历史的重要资料。第十二窟前室正面凿成三间仿木构建筑的窟檐，东西壁也雕出三间仿木构建筑的佛龛，窟顶雕有伎乐天，手持排箫、笛、鼓等乐器。第十三窟南壁上层的七佛立像和东壁下层的供养天人，是这个窟中的精品。

9. 第十四窟

第十四窟雕像多分化，西壁上部尚存部分造像，东侧存有方形佛柱。

10. 第十五窟

第十五窟雕有 1 万余尊小佛坐像，人称万佛洞。

11. 第十六窟至第二十窟

第十六窟至第二十窟是云冈石窟最早开凿的五个洞窟，通称“昙曜五窟”，也是云冈石窟最引人注目的部分之一。这五窟以道武、明元、太武、景穆、文成五帝为模板，雕刻五尊大像，规模宏大，气魄雄伟。这五窟形制上的共同特点是外壁雕满千佛，大体上都模拟椭圆形的草庐形式，无后室，造像主要是三世佛（过去、现在、未来），主佛形体高大，占窟内主要位置。

（1）第十六窟

第十六窟窟形椭圆，本尊释迦立像高 13.5 米，相貌清秀，英俊潇洒，周壁雕有千佛与佛龛。

（2）第十七窟

第十七窟正中为菩萨装的交脚弥勒坐像倚于须弥座上，高 15.6 米，窟小像大，咄咄逼人，东西两壁有佛龛，东边是坐像，西边是立像。

（3）第十八窟

第十八窟主像是三世佛，正中是身披千佛袈裟的释迦立像，高 15.5 米。东壁上部的弟子群，雕刻技法十分熟练，堪称杰作。

（4）第十九窟

第十九窟主像是三世佛，窟中的释迦坐像高 16.8 米，是云冈石窟中的第二大像。主像身材比例大大超过凡人，身高看起来达到 8 个半头的长度（正常像的比例是 7 个头），肩部宽阔浑厚，因而显得特别高大，而大佛身边的菩萨像却又比较短小。为使膜拜佛像的人产生高不可攀的强烈感觉，古代艺人把洞窟前壁与巨像的距离设计得很短，洞顶又做成下宽上狭的“草庐顶”，顶礼膜拜的人们只有极度昂头才能瞻仰，这样，本来就硕大的佛像就显得更加顶天立地了。窟外东西凿出两个耳洞，各雕一身高 8 米的坐像。

（5）第二十窟

第二十窟窟前带大约在辽代以前已崩塌，造像完全露天。立像是三大佛，正中是释迦坐像，高 13.7 米，胸以上部位保存较完整，面部半圆，高鼻深目，眼大唇薄，大耳垂肩，两肩齐挺，形成稳固的三角形。其造型雄伟，雕饰精美，气势浑厚，是云冈石窟中最富有代表性的作品。

景点 3：龙 门 石 窟

一、龙门石窟概况

龙门石窟（见图 2—30）位于河南省洛阳市南郊 13 千米处的伊河两岸，这里东（香山）、西（龙门山）两山对峙，伊水中流，形似天然门阙，故古称“伊阙”。隋朝建都洛阳后，因宫城门面对“伊厥”而始称“龙门”。龙门石窟就密布在伊水两岸长达 1 千米的两山崖壁上，总面积达 9.21 平方千米。景区由“一水二山三景点”组成，“一水”即从景区正中穿过的伊河；“二山”即隔河相望的东山和西山；“三景点”即距今已有 1 500 多年历史的龙门石窟、白园、香山寺。其中，作为我国石窟艺术宝库的龙门石窟，是联合国教科文组织命名的世界文化遗产，白园是唐代大诗人白居易的墓园，香山寺是女皇武则天敕名的一座千年古刹。两山对峙、伊水中流的秀丽风光和精美绝伦、巧夺天工的石刻艺术，使龙门石窟一直为世人所神往。

图 2—30　龙门石窟景区

龙门石窟开凿于北魏孝文帝迁都洛阳前后（495 年），历经西魏、东魏、北齐、隋、唐、五代的营造，从而在这里形成了南北长达 1 千米、具有 2 000 余座窟龛和 10 万余尊造像的石窟遗存。其中最大的佛像高达 17.14 米，最小的仅有 2 厘米高。在这历时 500 余年的营造过程中，包含着北魏和盛唐这两个造像的高潮阶段。至今，保存在伊阙两山的这些数以千计的像龛，绝大多数都是这两个时期所营造的。其中北魏石窟约占 30%，唐代石窟约占 60%，其他时期窟龛约占 10%。北魏时期的大型洞窟，主要有古阳洞、宾阳中洞和莲花洞，唐代的主要洞窟有奉先寺和宾阳南洞。龙门石窟同甘肃的敦煌莫高窟、山西大同的云冈石窟并称为中国古代佛教石窟艺术的三大宝库，具有相当高的历史价值和艺术价值。其佛像雕刻美轮美奂，巧夺天工，充分体现了我国古代劳动人民的聪明智慧和精湛技艺。

龙门石窟保留着大量的宗教、美术、书法、音乐、服饰、医药、建筑和中外交通等方面的实物史料，因此，它堪称一座大型石刻艺术博物馆。龙门石窟艺术为研究我国古代历史，特别是雕刻、绘画、书法、建筑、服饰、乐舞、图案纹样和社会风尚等方面，提供了大量的珍贵资料。

二、龙门石窟主要景点

1. 奉先寺

在唐代石窟中，武则天执政时期开凿的石窟占大多数，这与她长期身居洛阳有关。历时四年时间修建的奉先寺，其规模之大，在龙门石窟中堪称第一。据碑文记载，此窟开凿于唐代武则天时期，历时三年。洞中佛像明显体现了唐代佛像艺术特点，面形丰肥、两耳下垂，形态圆满、安详、温存、亲切，极为动人。石窟正中卢舍那佛坐像（见图 2—31）为龙门石窟中最大的佛像，身高 17.14 米，头高 4 米，耳朵长 1.9 米，造型丰满，仪表堂堂，衣纹流畅，具有高度的艺术感染力，实在是一件精美绝伦的艺术杰作。据佛经说，“卢舍那”意为“光明遍照”。这尊佛像丰颐秀目，嘴角微翘，呈微笑状，头部稍低，略作俯视态，宛若一位睿智而慈祥的中年妇女，令人敬而不惧。有人评论说，这尊佛像把高尚的情操、丰富的感情、开阔的胸怀和典雅的外貌完美地结合在一起，因此，它具有巨大的艺术魅力。卢舍那佛像两边还有两弟子迦叶和阿难，形态温顺虔诚。天王手托宝塔，显得魁梧刚劲。而力士像就更动人了，他右手叉腰，左手施无畏印，威武雄壮。这样的一组雕像有机地组合起来，形成了一个艺术整体，完美地烘托了佛教气氛。

图 2—31 卢舍那佛坐像

2. 宾阳洞

这个窟前后用了 24 年才完成，是开凿时间最长的一个洞窟。洞内有 11 尊大佛像，主像释迦牟尼高鼻大眼、体态安详，左右两边有弟子、菩萨侍立，佛和菩萨面相清瘦，目大颈平，衣锦纹理周密刻画，有明显的西域艺术痕迹。窟顶雕有飞天，挺健飘逸，是北魏中期石雕艺术的杰作。洞中原有《皇帝礼佛图》和《太后礼佛图》两幅大型浮雕，画面上分别以魏孝文帝和文明皇太后为中心，前簇后拥，组成礼佛行列，构图精美，雕刻细致，艺术价值很高。洞口有唐代书法家褚遂良书写的碑铭，很值得一览。

3. 万佛洞

万佛洞在宾阳洞南边，洞中刻像丰富，南北石壁上刻满了小佛像，很多佛像仅一寸高或几厘米高，计有 1 500 多尊。主佛阿弥陀佛端坐于束腰八角莲花座上，束腰处有四力士，肩托仰莲。后壁刻有莲花 54 枝，每枝花上坐着一菩萨或供养人，壁顶上浮雕伎乐人，个个婀娜多姿，形象逼真。沿口南壁上还有一座观音菩萨像，手提净瓶举尘尾，体态圆润丰满，姿势优美，十分传神。

4. 古阳洞

古阳洞是龙门石窟中开凿最早的一个窟，495 年，丘慧成开始在龙门山开凿古阳洞，经 50 多年的营造，集中了北魏迁都洛阳初期的一批皇室贵族和宫廷大臣的造像，大佛姿态也由云冈石窟的雄健可畏转变为龙门石窟的温和可亲。这些石刻作品代表着石窟艺术流入洛阳以后最早出现的一种犍陀罗佛教美术风格，是中国传统文化与域外文明交汇融合的珍贵记录。除此以外，这里还有丰富的造像题记，为人称道的“龙门二十品”，有十九品都集中在这里。清代学者康有为盛赞这里的书法之美为：魄力雄强、气象浑穆、笔法跳跃、点画峻厚、意态奇逸、精神飞动、骨法洞达、结构天成、血肉丰美。

5. 药方洞

药方洞刻有 140 个药方，反映了我国古代医学的成就。把一些药方刻在石碑上或洞窟中，在别的地方也有发现，这是古代医学成就传之后世的一个重要方法。

6. 莲花洞

莲花洞又名伊阙洞，在洛阳市龙门石窟西山，开凿于北魏晚期。主尊释迦牟尼圆雕立像高 5.10 米，可能为释迦牟尼游说像。右侧迦叶手执锡杖（即禅杖），可惜头部已被盗去。洞中有琳琅满目的佛龛，龛额构图精美，有尖拱、楣拱、屋檐拱，有瓔珞、帷幕、流苏，有云纹、卷草纹、几何纹以及莲花、宝相花等，精雕细刻，富于变化。窟顶高浮雕一朵美丽的大莲花，其旁高浮雕 6 个大型飞天，迎风飞翔，婀娜多姿，生动传神。

景点 4：大足石刻

一、大足石刻概况

大足石刻（见图 2—32）位于中国西南部重庆市的大足区境内，其区名取“大丰大足”之意，并素有“石刻之乡”的美誉。大足石刻最初开凿于初唐永徽年间（649 年），历经晚唐、五代（907—959 年），盛于两宋（960—1278 年），明清时期（14—19 世纪）亦有所增刻，最终形成了集中国石刻艺术精华之大成的石刻群，堪称中国晚期石窟艺术的代表，与云冈石窟、龙门石窟和敦煌莫高窟齐名。1999 年 12 月 1 日，大足石刻被联合国教科文组织列入《世界遗产名录》。大足石刻群融佛、道、儒于一体，共包括石刻造像 70 多处，总计 10 万余尊，其中以北山、宝顶山、南山、石篆山、石门山 5 处石刻最为著名和集中，即“五山石刻”。

图 2—32　大足石刻

我国于 2002 年发行志号为 2002—13T 的《大足石刻》特种邮票 1 套 4 枚，分别是大足石刻・北山・日月观音（宋）、大足石刻・北山・普贤菩萨（宋）、大足石刻・宝顶山・华严三圣（宋）和大足石刻・石门山・三皇洞造像（宋）。同日发行了志号为 2002—13M 的《大足石刻》特种邮票（小型张）1 枚，名为大足石刻・宝顶山・千手观音（宋）。

二、大足石刻主要景点

1. 北山

北山即古龙岗山，石刻位于大足区西北 2 千米处，始刻于唐景福元年（892 年），昌州（今大足区）节度使韦君靖在北山修建储粮屯兵的永昌寨，同时开始凿造佛像。此后，当地官吏、士绅、僧尼步韦君靖后尘，陆续自费经营造像。经五代、两宋，相继在佛湾、营盘坡、观音坡、北塔寺、佛耳岩等处造像近万躯。北山石刻以佛湾造像最为集中，共编 290 号龛窟。在长 300 多米、高 7 米的崖壁上，有碑碣 6 通、题记和造像铭记 55 则、经幢 8 座，刻有“文殊师利问疾图”一幅，石刻造像 264 龛窟。

佛湾佛像雕刻精细，体态俊逸，风格独特。“心神车窟”中“普贤菩萨”的造像精美，被誉为“东方维纳斯”，“数珠观音”和“日月观音”都显示出古代工匠相当高超的技艺，“地藏变像”则又大刀阔斧地表现，独具一格，“转轮藏经洞”被称为“石雕宫阙”。“韦君靖碑”“蔡京碑”和“古文孝经碑”为世所独存，既是书法珍品，又可补史料之遗缺，价值极高。至南宋绍兴三十一年（1162 年）结束，北山石刻共有摩崖造像近万尊。它是佛教世俗化的产物，不同于中国早期石窟。

2. 宝顶山石刻

宝顶山石刻（见图 2—33）位于大足区东北 15 千米处，相传为宋代名僧赵智凤始创。赵智凤（1159—1249 年）5 岁时，靡尚华饰，以居所附近有古佛岩，遂落发为僧。16 岁外出云游 3 年，淳熙六年（1179 年）返乡，传柳本尊法旨，承持其教，命工首建圣寿寺，发弘誓愿，普施法水。赵智凤从 19 岁到 90 岁，每日开凿，终成这绝世之作。石刻由 19 组佛经故事组成，“凡佛典所载，无不备列”，构思奇妙，设计科学，造像精湛。每组雕刻既反映了佛经故事内容，又掺入了中国传统儒家的精神伦理。宝顶山石刻以圣寿寺为中心，包括大佛湾、小佛湾等 13 处造像群，共有摩崖造像近万尊，整个造像群宛若一处大型的佛教圣地，展现了宋代（960—1278 年）石刻艺术的精华。宝顶山大佛湾是个马蹄形山谷，崖壁高达十多米，观众只能依壁仰望，扑面而来的“柳本尊行化图”场面宏大，造像众多，内容是表述四川密教师祖柳本尊（855—942 年）自残形骸、舍己济群，为人疗伤以实现自己的宏愿。在山崖巨石上开凿大规模石窟，除艺术创作之外，还涉及工程建筑方面，如力学、采光、透视等。令人叫绝的是巧妙利用水源营造特殊艺术效果的“九龙浴太子”和“牧牛图”。匠师们的高超技艺为中国建筑史书写了精彩的一章。石刻雕像气势磅礴，宛如一卷镌刻在 500 多米的崖壁上的连环图画，前后内容连接，无一雷同，而且佛教的世俗化、民族化、生活化特别显著，可以说完全中国化了。

图 2—33　宝顶山石刻

3. 南山石刻

南山石刻（见图 2—34）位于大足区东南，始刻于南宋（1127—1278 年），明清两代稍有增补。南山石刻共有造像 15 窟，题材以道教造像为主，作品刻工细腻，造型丰满，表面多施以彩绘。南山石刻是我国现存道教石刻中造像最为集中，数量最大，反映神系最完整的一处石刻群。其中的三清古洞系统完备地反映了宋代道教神系，是中国宋代雕刻最为精美的石窟。

图 2—34　南山石刻

4. 石篆山石刻

石篆山石刻位于大足区西南 25 千米处，始刻于北宋元丰五年（1082 年），至绍圣三年（1096 年）结束。造像崖面长约 130 米，高 3 ~ 8 米，共 10 窟，是中国石窟中典型的佛、道、儒三教结合的造像群，如孔子龛、老君龛等。

5. 石门山石刻

石门山石刻位于大足区以东 20 千米处，始刻于北宋绍圣元年（1094 年），至南宋绍兴二十一年（1151 年）结束。凿刻有造像的崖面全长约 72 米，崖高 3 ~ 5 米，共 16 窟，题材主要为佛教和道教的人物故事，此外还包括有造像记、碑碣、题刻等。石门山石刻是大足石刻中规模最大的一处佛、道两教结合的石刻群，其中尤以道教题材诸窟的造像最具艺术特色。如玉皇大帝龛外的千里眼像，眼如铜铃，似能目及千里；顺风耳面貌丑怪，张耳做细听状。二像肌肉丰健，筋脉显露，手法夸张。石门山石刻作品造型丰满，神态逼真，将神的威严气质与人的生动神态巧妙结合，在中国石刻艺术中独树一帜。

大足石刻以其规模宏大，雕刻精美，题材多样，内涵丰富，保存完整而著称于世。它集中国佛教、道教、儒家造像艺术的精华，以鲜明的民族化和生活化特色，成为中国石窟艺术中一颗璀璨的明珠。它以大量的实物形象和文字史料，从不同侧面展示了 9 世纪末至 13 世纪中叶中国石刻艺术的风格和民间宗教信仰的发展变化，对中国石刻艺术的创新与发展做出了重要贡献，具有前代石窟不可替代的历史和艺术价值。

第三节　古典园林

景点1：颐　和　园

一、景点概况

颐和园位于北京西北郊，是利用昆明湖、万寿山为基址，汲取江南园林的设计手法和意境而建成的一座大型天然园林，是我国现存规模最大、保存最完整的皇家园林之一，为全国重点文物保护单位。

颐和园原名清漪园，在英法联军火烧圆明园时同遭严重破坏，光绪十四年（1888年）慈禧挪用海军军费修复此园，取“颐养冲和”之意改名“颐和园”。颐和园规模宏大，总面积达294公顷，主要由万寿山和昆明湖两部分组成，其中水面占总面积的四分之三。慈禧大力修复此园的目的是为了避暑和颐养天年，她独独看中了这块具有“万寿”名称的宝地。从1903年起，慈禧大部分的时间是在这里生活和处理朝政，为此在园的前部专门建置了一个宫殿区和生活居住区。所以，颐和园是一个兼具“宫苑”双重功能的大型皇家园林。

按使用的功能，全园可以分为政治活动区、生活居住区和风景游览区三部分。

1. 政治活动区

政治活动区以仁寿殿为中心，在颐和园东宫门内，是慈禧、光绪坐朝听政的大殿，原名勤政殿，光绪时重建，改称仁寿殿。大殿面阔七间，东向，两侧有南北配殿，前有仁寿门，门外为南北九卿房，陈设有铜龙、铜凤、铜鼎等，雕制均极精美。

2. 生活居住区

生活居住区以乐寿堂（见图2—35）和玉澜堂为主体。乐寿堂面临昆明湖，东面有德和园大戏楼，西接长廊，是慈禧居住的地方。乐寿堂黑底金字横匾为光绪手书，堂前有慈禧乘船的码头。庭院中栽植玉兰、西府海棠、牡丹等名贵花木，取“玉堂富贵”之意。

图 2—35　乐寿堂

玉澜堂在昆明湖畔，为光绪帝的寝宫，为一组四通八达的穿堂殿。正殿玉澜堂，有东西两配殿，东名霞芬室，西称藕香榭。后檐及两配殿均砌砖墙与外界隔绝，是颐和园中一处重要的历史遗迹。

3. 风景游览区

风景游览区分万寿山前山、昆明湖（见图 2—36）、后山后湖三部分。万寿山前山以佛香阁为中心，组成巨大的主体建筑群，华丽雄伟，气势磅礴。碧波荡漾的昆明湖平铺在万寿山南麓，约占全园面积的 3/4。湖中有一座南湖岛，由美丽的十七孔桥与岸相连。湖西部有一西堤，堤上修有 6 座造型优美的桥。后山后湖碧水荡漾，古松参天，环境清幽。

图 2—36　昆明湖

二、颐和园主要景点

1. 万寿山前山

万寿山本属燕山余脉，高 58 米，建筑群依山而筑。万寿山前山以八面三层四重檐的佛香阁为中心，组成巨大的主体建筑群。从山脚的“云辉玉宇”牌楼，经排云门、二宫门、排云殿、德辉殿、佛香阁，直至山顶的智慧海，形成了一条层层上升的中轴线。万寿山前山东侧有“转轮藏”和“万寿山昆明湖”石碑，西侧有五方阁和铜铸的宝云阁，后山有宏丽的西藏佛教建筑和屹立于绿树丛中的五彩琉璃多宝塔，山上还有景福阁、重翠亭、写秋轩等亭台楼阁，登临可俯瞰昆明湖上的景色。

万寿山前山濒临昆明湖，湖山连属，构成一个极其开朗的自然环境。这里的湖、山、岛、堤及其建筑，配合着园外的借景，形成一幅幅连续展开、如锦似绣的风景画卷。前山接近园的正门和帝后的寝宫，游览往返比较方便，又可面南俯瞰昆明湖区，所以园内主要建筑物均荟萃于此。造园匠师在前山建筑群体的布局上相应地运用了突出重点的手法。在居中部位建置一组体量大而形象丰富的中央建筑群，从湖岸直到山顶，一重重华丽的殿堂台阁将山坡覆盖住，构成贯穿于前山上下的纵向中轴线。这组大建筑群包括园内主体建筑物——帝后举行庆典朝会的“排云殿”和“佛香阁”。佛香阁（见图 2—37）就其体量而言是园内最大的建筑物，阁高约 40 米，雄踞于石砌高台之上，它那八角形、四重檐、攒尖顶的形象在园内园外的许多地方都能看到，气宇轩昂，成为整个前山和昆明湖总体全局的构图中心。与中央建筑群的纵向轴线相呼应的是横贯山麓、沿湖北岸东西逶迤的“长廊”（见图 2—38），全长 728 米，共 273 间，这是中国园林中最长的游廊。前山其余地段的建筑体量较小，自然而疏朗地布置在山麓、山坡和山脊上，镶嵌在苍松翠柏之中，用以烘托端庄、典雅的中央建筑群。

图 2—37　万寿山佛香阁

图 2—38 长廊

2. 昆明湖

昆明湖水面约占全园面积的四分之三，湖的西北端绕过万寿山西麓而连接于北麓的后湖，构成山环水抱的形势，把湖和山紧密地连成一体。

昆明湖是清代皇家诸园中最大的湖泊，湖中一道长堤——西堤，自西北逶迤向南。

西堤及其支堤把湖面划分为三个大小不等的水域，每个水域各有一个湖心岛。这三个岛在湖面上成鼎足而峙的布列，象征着中国古老传说中的海外三仙山——蓬莱、方丈和瀛洲。湖区建筑主要集中在三个岛上。岛堤分隔使湖面出现层次，避免了空疏单调。西堤以及堤上的六座桥有意模仿杭州西湖的苏堤和“苏堤六桥”，使昆明湖越发神似西湖。西堤一带碧波垂柳，自然景色开阔，园外数里玉泉山的秀丽山形和山顶的玉峰塔影，被收摄作为园景的组成部分。从昆明湖上和湖滨相望，园外之景和园内湖山浑然一体，这是中国园林中运用借景手法的杰出范例。湖岸和湖堤绿树浓荫，掩映着水光，近湖远山，呈现一派富于江南情调的自然美。

昆明湖著名的十七孔桥（见图 2—39）横跨在南湖岛和东岸之间，桥长 150 米，像一条长虹架在粼粼碧波之上。它系仿著名的卢沟桥之作，桥上每个石拦柱顶部都雕有形态各异的石狮，显得精致、雄伟和美观。十七孔桥东头湖岸上矗立着一座全国最大的八角亭，附近蹲卧着一座如真牛一样大小的铸造精美的铜牛，昂首竖耳，若有所闻而回首惊顾的神态，非常优美生动，原取神牛镇水之意，现为珍贵文物。

由铜牛处循岸往北，湖东岸有知春亭。每年湖冰融化后，此处得春气之先，亭畔桃红柳绿，最早向人们报知春的消息，亭因此得名。从知春亭向北望万寿山景色，最为鲜明。

图 2—39　十七孔桥

北京颐和园石舫（见图 2—40）又名清晏舫，位于昆明湖的西北部，万寿山的西麓岸边，建于清乾隆二十年（1755 年）。船体乃用巨石雕成，全长 36 米，船上二层白色木结构楼房，都用油漆装饰成大理石纹样，顶部有砖雕装饰，精巧华丽，是颐和园内著名的水上建筑珍品。

舫上舱楼原为古建筑形式，但在英法联军入侵时，舫上的中式舱楼被焚毁。光绪十九年（1893 年），工匠按慈禧意图，将石舫原来的中式舱楼改建成西式舱楼，窗上镶嵌五色玻璃，成为园中唯一具有西洋风格的建筑，并取河清海晏之义，取名清晏舫。

图 2—40　石舫

3. 后山后湖

后山的景观与前山迥然不同，是富有山林野趣的自然环境，林木葱郁，山道弯曲，景色幽邃。除中部的佛寺“须弥灵境”外，后山的建筑物大都自成一体，与周围环境组成精致的小园林。它们或踞山头，或倚山坡，或临水面，均能随地貌而灵活布置。后湖中段两岸，是乾隆帝时模仿江南河街市肆而修建的“买卖街”遗址苏州街（见图 2—

41）。后山的建筑除谐趣园（见图 2—42）和霁清轩于光绪时完整重建之外，其余都残缺不全，1990 年在遗址上复建。

图 2—41 苏州街

后湖的河道蜿蜒于万寿山后山的山麓，造园匠师巧妙地利用河道北岸与宫墙的局促环境，在北岸堆筑假山障隔宫墙，并与南岸的真山脉络相配合，造成两山夹一水的地貌。河道的水面有宽有窄，时收时放，泛舟后湖给人以山复水回、柳暗花明之趣，成为园内一处出色的幽静水景。

图 2—42 谐趣园

后湖东面有谐趣园，原名惠山园，是模仿无锡寄畅园而建成的一座园中园。全园以水面为中心，以水景为主体，环池布置清朴雅洁的厅、堂、楼、榭、亭、轩等建筑，曲廊连接，间植垂柳修竹。池北岸叠石为假山，从后湖引来活水经玉琴峡沿山石叠落而下注于池中。流水叮咚，以声入景，更增加了这座小园林的诗情画意。

颐和园拥山抱水，绚丽多姿，既有自然湖山之胜，又有园林艺术之美，是国内外享有盛誉的古典园林。颐和园是全国重点文物保护单位之一，也已被联合国教科文组织列入《世界遗产名录》。

景点 2：避暑山庄及周围寺庙

一、避暑山庄及周围寺庙概况

避暑山庄又名承德离宫或热河行宫，位于河北省承德市中心北部，是清代皇帝夏天避暑和处理政务的场所。它始建于 1703 年，历经清康熙、雍正、乾隆三代皇帝，耗时约 90 年建成。当年康熙帝在北巡途中，发现承德这片地方地势良好，气候宜人，风景优美，又直达清王朝的发祥地，是皇帝家乡的门户，还可俯视关内，外控蒙古各部，于是选定在这里建行宫。康熙四十二年（1703 年）开始在此大兴土木，疏浚湖泊，修路造宫，至康熙五十二年（1713 年）建成三十六景，并建好山庄的围墙。乾隆六年（1741 年）到乾隆五十七年（1792 年）又继续修建直至完工，建成的避暑山庄和外八庙，形成规模壮观、别具一格的皇家园林，为后人留下了珍贵的古代园林建筑杰作，如图 2—43 所示。

图 2—43　避暑山庄平面图

避暑山庄（见图 2—44）以朴素淡雅的山村野趣为格调，取自然山水之本色，吸收江南塞北之风光，成为中国现存占地最大的古代帝王宫苑。1994 年，河北承德避暑山庄及周围寺庙以独特的风采被联合国教科文组织正式列入《世界遗产名录》。

图 2—44　避暑山庄鸟瞰图

二、避暑山庄主要景点

避暑山庄整体布局巧用地形，因山就势，分区明确，景色丰富，与其他园林相比，有其独特的风格。山庄宫殿区布局严谨、建筑朴素，苑景区自然野趣，宫殿与天然景观和谐地融为一体，达到了回归自然的境界。

避暑山庄融南北建筑艺术精华，园内建筑规模不大，殿宇和围墙多采用青砖灰瓦、原木本色，淡雅庄重，简朴适度，与京城故宫的黄瓦红墙、描金彩绘、富丽堂皇呈明显对照。山庄的建筑既具有南方园林的风格、结构和工程做法，又多沿袭北方常用的手法，成为南北建筑艺术完美结合的典范。

避暑山庄分宫殿区和苑景区两大部分。苑景区又可分为湖泊区、平原区、山峦区三个部分。

1. 宫殿区

宫殿区（见图 2—45）位于湖泊南岸，地形平坦，是皇帝处理朝政、举行庆典和生活起居的地方，占地 10 万平方米，由正殿、松鹤斋、万壑松风和东宫四组建筑组成。

2. 湖泊区

湖泊区位于宫殿区的北面，湖泊面积约 43 公顷，有 8 个小岛屿，将湖面分割成大小不同的区域，层次分明，洲岛错落，碧波荡漾，富有江南鱼米之乡的特色。湖泊区东北角有清泉，即著名的热河泉。

3. 平原区

平原区位于湖区北面的山脚下，地势开阔，有万树园和试马埭。万树园是避暑山庄内重要的政治活动中心之一，试马埭是皇帝举行赛马活动的场地。平原区西部绿草如茵，一派蒙古草原风光；东部古木参天，具有大兴安岭莽莽森林景象。

图 2—45　宫殿区

4. 山峦区

山峦区位于避暑山庄的西北部，面积约占全园的五分之四，这里山峦起伏，沟壑纵横，众多楼堂殿阁、寺庙点缀其间。整个避暑山庄东南多水，西北多山，是中国自然地貌的缩影。

三、外八庙主要景点

在避暑山庄东面和北面的山麓，分布着宏伟壮观的寺庙群，这就是外八庙，其名称分别为溥仁寺、溥善寺（已毁）、普乐寺、安远庙、普宁寺、须弥福寿之庙、普陀宗乘之庙、殊像寺。外八庙以汉式宫殿建筑为基调，吸收了蒙、藏、维等民族建筑艺术的特征，创造了中国多样统一的寺庙建筑风格。

清初奉行扶持喇嘛教的政策，以此笼络西部和北方的少数民族。为此在营建避暑山庄的同时，在其周围依照西藏、新疆喇嘛教寺庙的形式修建喇嘛教寺庙群，供西部、北方少数民族的上层及贵族朝觐皇帝时礼佛之用。这些庙宇多利用向阳山坡层层修建，主要殿堂耸立突出、雄伟壮观。

1. 普宁寺

普宁寺位于避暑山庄之北，因寺内有一巨大木雕佛像，又称“大佛寺”。普宁寺建于清乾隆二十年（1755年），寺庙规模宏大，综合汉藏寺庙建筑形式。寺内的大乘之阁高36.75米，外观正面六层重檐，阁内的千眼千手观音菩萨立像高22.23米，用松、柏、榆、杉、椴5种木材雕成，是我国现存最大的木雕像之一。

2. 普乐寺

普乐寺位于避暑山庄东北，俗称圆亭子，建于清乾隆三十一年（1766年），占地面积2.4万平方米，建筑布局分前后两部分。前部有山门、钟鼓楼、天王殿、宗印殿，后半部为坛城。在高大的石坛城上，建圆形旭光阁，重檐伞式攒尖黄琉璃瓦顶，阁中置一立体曼陀罗，内供铜欢喜佛。阁顶有圆形斗八藻井，内有二龙戏珠，制作精美，金碧辉煌。北阁与北京天坛祈年殿形制类似。

3. 普陀宗乘之庙

普陀宗乘之庙位于避暑山庄正北，于清乾隆三十二年（1767年）仿西藏布达拉宫形制而建。普陀宗乘是藏语“布达拉”的汉译，故此庙又有“小布达拉宫”之美誉。庙宇布局依山势自然散置，殿阁楼台前后错落，该寺的主体建筑“大红台”气势宏伟，台高42.5米，宽59.7米，有城阁凌空之感。红台中部是重檐四角攒尖鎏金瓦顶的“万法归一殿”。

4. 殊像寺

殊像寺位于避暑山庄之北，东临普陀宗盛之庙，于乾隆三十九年（1774年）仿山西五台山殊像寺而建，形制以汉族庙宇建筑为主。殊像寺内的喇嘛均为满族，供奉的主神为文殊菩萨，当时民间认为乾隆皇帝是文殊菩萨转世，所以该寺又有“乾隆家庙”之称。

5. 须弥福寿之庙

须弥福寿之庙位于避暑山庄之北，普陀宗乘之庙以东，建于清乾隆四十五年（1780年），仿西藏日喀则扎什伦布寺而建。须弥福寿是藏语“扎什伦布”的汉译，故名。据载，乾隆帝七十寿辰时，六世班禅远道前来朝贺，颇受礼遇，并建此寺居之。寺自南而北，前有石桥，寺内大红台内壁四周为三层群楼，中建妙高庄严寺，为六世班禅讲经之所。大红台东南有东红台，西有吉祥法喜殿，为班禅寝殿。

承德避暑山庄是一座闻名中外的宫殿园林，它与具有多民族风格的外八庙连成一处，成为令人神往的自然、人文两大景观俱备的著名游览区，也是全国重点文物保护单位之一。

景点 3：苏州古典园林

一、苏州园林概况

苏州园林（见图 2—46）历史悠久，始建于公元前 6 世纪，至清末有园林 170 多处，为苏州赢得了“园林之城”的称号。苏州园林现存名园 10 余处，闻名遐迩的有沧浪亭、狮子林、拙政园、留园等。苏州古典园林在世界造园史上有其独特的历史地位和价值，以写意山水的高超艺术手法，蕴涵着浓厚的传统思想文化内涵，展示了东方文明的造园艺术典范。

图 2—46　苏州园林

苏州园林是文化意蕴深厚的“文人写意山水园”。造园者通过凿池叠山、栽花种树，创造出具有诗情画意的景观，被称为“无声的诗，立体的画”。这些充满着书卷气的诗文题刻与园内的建筑、山水、花木自然和谐地糅合在一起，使园林的一山一水、一草一木均能产生深远的意境。苏州园林虽小，但造园家通过各种艺术手法，独具匠心地创造出丰富多样的景致。在园中行游，或见小桥流水，或见曲径通幽，或步移景易，让人观之不尽，回味无穷。

苏州的私家园林因其精美卓绝的造园艺术和个性鲜明的特点，于1997年底被联合国教科文组织列入《世界遗产名录》。

二、苏州园林主要景点

1. 拙政园

拙政园（见图2—47）位于苏州古城，面积约5公顷。这是一座始建于15世纪初的古典园林，具有浓郁的江南水乡特色，经过几百年的沧桑变迁，至今仍保持着平淡疏朗、旷远明瑟的明代风格，被誉为“中国私家园林之最”。

图2—47 拙政园

明代正德四年（1509 年），官场失意还乡的朝廷御史王献臣建造此园，取晋代潘岳《闲居赋》中“拙者之为政也”之意，名“拙政园”。全园分东、中、西、住宅四部分：中部山水明秀，厅榭典雅，花木繁茂，是全园的精华所在；西部水廊逶迤，楼台倒影，清幽恬静；东部平岗草地，竹坞曲水，空间开阔。

东部新园取名为“归田园居”，以“兰雪堂”“秫香馆”“天泉阁”和“芙蓉榭”等建筑为主。中部花园大致可以分为三个景区：第一个景区以池岛假山为主，包括假山山堍的“梧竹幽居”；第二个景区是以荷花池为中心，围绕水面有“荷风四面”“香洲”“见山楼”“小飞虹”“小沧浪”“倚玉轩”和“远香堂”等景点；第三个景区是“枇杷园”。西部花园的主体建筑是“卅六鸳鸯馆”和“十八曼陀罗花馆”。

拙政园为中国四大名园之一、全国重点文物保护单位、全国特殊游览参观点之一、世界文化遗产，每年数以百万计的中外游人前来观光旅游，陶醉在古老的传统文化之中。

2. 沧浪亭

沧浪亭（见图 2—48）地处苏州城南三元坊，在现存苏州园林中，历史最为悠久。全园布局自然和谐，堪称构思巧妙、手法得宜的佳作，与狮子林、拙政园、留园并列为苏州宋、元、明、清四大园林。

图 2—48　沧浪亭

沧浪亭数易其主，历经沧桑，但多是建筑物的损毁修复，而园中假山和园外池水大多保持旧观。

全园景色简洁古朴、落落大方，不以工巧取胜，而以自然为美。所谓自然，一是不矫揉造作，不妄加雕饰，不露斧凿痕迹；二是表现得法，力求山水相宜，宛如自然风景。沧浪亭园外景色因水而起，园门北向而开，前有一道石桥，一湾池水由西向东，环园南去清晨夕暮，烟雾弥漫，极富山岛水乡诗意。而园内布局以山为主，入门即见土石相间的假山，山上古木新枝，生机勃勃，翠竹摇影于其间，藤蔓垂挂于其上，自有一番山林野趣。建筑亦大多环山，并以长廊相接。但山无水则缺媚，水无山则少刚，遂沿池筑一复廊，蜿蜒曲折，既将临池而建的亭榭连成一片，不使其孤单，又可通过复廊上100 余图案各异的漏窗观看两面景色，使园外之水与园内之山相映成趣、相得益彰，自然地融为一体，此可谓借景的典范。

园内还有五百名贤祠，壁上嵌有 500 余人像石刻，运刀细腻，颇值观赏。

3. 狮子林

狮子林（见图 2—49）为苏州四大名园之一，至今已有 650 多年的历史。元代至正二年（1342 年），元末名僧天如禅师维则的弟子“相率出资，买地结屋，以居其师”。因园内“林有竹万固，竹下多怪石，状如狮子者”，又因天如禅师得法于浙江天目山狮子岩普应国师中峰，为纪念佛徒衣钵、师承关系，取佛经中狮子座之意，故名“狮子林”。

图 2—49 狮子林

狮子林既有苏州古典园林亭、台、楼、阁、厅、堂、轩、廊的人文景观，更以湖山奇石、洞壑深邃而盛名于世，素有“假山王国”的美誉。

元代流传至今的狮子林假山，群峰起伏，气势雄浑，奇峰怪石，玲珑剔透。假山群共有 9 条路线，21 个洞口，横向极尽迂回曲折，竖向力求回环起伏。游人穿洞，左右盘旋，时而登峰巅，时而沉落谷底，仰观满目叠嶂，俯视四面坡差，或平缓，或险隘，给游人带来一种恍惚迷离的神秘趣味。“对面石势阴，回头路忽通。如穿九曲珠，旋绕势嵌空。如逢八阵图，变化形无穷。故路忘出入，新术迷西东。同游偶分散，音闻人不逢。变幻开地脉，神妙夺天工”。“人道我居城市里，我疑身在万山中”，就是狮子林的真实写照。

据史载，1703 年 2 月 11 日康熙皇帝南巡，赐狮子林“狮林寺”匾额后，乾隆皇帝六游狮子林，先后赐“镜智圆照”“画禅寺”及现存“真趣”等匾额。乾隆还下令在北京圆明园、承德避暑山庄内仿建两座狮子林，可见当年皇帝对狮子林情有独钟。

4. 留园

留园地处阊门外留园路，在苏州园林中其艺术成就颇为突出，其以布局严谨、风格高雅、景观丰富，曾被评为“吴中第一名园”。

留园厅堂敞丽，装饰精美，利用许多建筑群将全园空间巧妙分隔，组合成若干各具特色的景区。这些景区用曲廊联系，全园曲廊长达 700 余米，随形而变，因势而曲，或盘于山腰，或蜿蜒于水际，逶迤相续，始终不断，使园景堂奥深远，变化无穷，有步移景易之妙。

全园分为中、东、西、北四区，中部和东部是全园的精华部分。中部以山水为主景，水池为中央，池水西、北两侧，假山石峰屹立；池水东、南两侧，楼、廊、亭、轩错落，形成鲜明的对比。东部以建筑呈其佳丽，重檐叠楼，曲院回廊是突出冠云峰的一组建筑群。西部是自然风光，颇多野趣。北部是田园景色，别有风味。四个景区以曲廊相贯通，在 700 多米的廊壁上刻有著名的“留园法帖”。园内还有著名的留园三峰，即冠云峰（见图 2—50）、瑞云峰、岫云峰。其中冠云峰是用完整的太湖石构筑的，高 9 米，是北宋花石纲遗物，也是江南最大的太湖石。留园现已被列为全国重点文物保护单位。

图 2—50　留园冠云峰

苏州是我国著名的园林之城，其园林数量之多、造园之早、建筑之精、艺术之深，为世界各国之冠。苏州园林以小巧典雅、自然幽静、园内有园、景外有景、小中见大的风格，享有“江南园林甲天下，苏州园林甲江南”之美誉。

第四节 古墓葬

景点1：秦始皇陵兵马俑博物馆

一、秦始皇陵概况

秦始皇陵位于距西安市30多千米的骊山脚下，占地近8平方千米。据史书记载，秦始皇嬴政从13岁即位时就开始营建陵园，由李斯主持规划设计，修筑时间长达38年，工程之浩大，气魄之宏伟，创历代封建统治者奢侈厚葬之先例。陵区分陵园区和从葬区两部分。秦始皇陵是世界上规模最大、结构最奇特、内涵最丰富的帝王陵墓，它还是一座豪华的地下宫殿。

为了揭开秦始皇陵墓的奥秘，考古工作者从20世纪60年代初开始对陵园进行科学的钻探和调查。秦始皇陵陵基近似方形，状如覆斗，夯土筑成，现存陵基东西宽345米，南北长350米。地面上原建有两重南北向长方形城垣，城墙大多坍塌，仅存墙基，墙基宽约8米，内城和外城四面均有城门，外城的四面各有一门，内城的东、西、南三面各有一门，北面二门，门上均有门阙建筑，内外城的四角有角楼。

秦始皇陵规模宏大，为世界陵墓之最，墓内穷奢极侈，“以水银为百川江河大海，机相灌输。上具天文，下具地理，以人鱼膏为烛，度不灭者久之”“宫观百官奇器珍怪徙藏满之”。地宫内设有弩矢，以防盗掘。公元前209年，秦始皇入葬时，秦二世胡亥将后宫凡未生子的妃嫔全部殉葬。为防泄密，所有在墓内从事修造的能工巧匠全部被封埋在地宫之中，极为残忍。秦始皇陵园设计周密，布局规整，陵园东门外是象征着皇城守护者的兵马俑。

外国元首、学者参观完秦兵马俑博物馆后均认为，秦俑坑不仅是我国也是世界考古史上的一次重大发现，可以说是世界第八大奇迹，可以同埃及金字塔和古希腊雕塑相媲美，并公认为人类文化的宝贵财富。

秦兵马俑是以现实生活为题材而塑造的，艺术手法细腻、明快，表情神态各异，具有鲜明的个性和强烈的时代特征，显示出泥塑艺术的顶峰，为中华民族灿烂的古老文化增添光彩，给世界艺术史补充了光辉的一页。

秦兵马俑被认为是古代的奇迹，是20世纪最壮观的考古发现。秦兵马俑，无论在数量上、质量上，还是在考古发现上，都是世所罕见的，它对于深入研究公元前2世纪秦朝的军事、政治、经济、文化、科学和艺术等提供了极为珍贵的实物材料。它是中华民族的艺术珍品，并被联合国教科文组织列入《世界遗产名录》。

二、秦兵马俑博物馆

秦兵马俑是在1974年被发现的，随后在这里建了一个规模宏大的博物馆，于1979年国庆节开放。举世罕见的秦兵马俑博物馆开放后，很快就轰动了中外，被认为是古代的奇迹，是当代最重要的考古发现之一。

秦兵马俑以其巨大的规模、威武的场面、高超的科学和艺术水平，使观众们惊叹不已。古城西安由于有了秦兵马俑博物馆（见图2—51），很快就成了我国最重要的旅游城市之一，国内外游人纷纷慕名而来。来我国访问的外国元首和其他贵宾，多数都要把参观兵马俑列入日程。

图2—51　兵马俑博物馆

兵马俑坑（见图2—52）在秦始皇陵东侧约1.5千米处，有一号、二号、三号三个坑，如图2—53所示。一号坑是当地农民打井时发现的，后经钻探，先后发现二号坑和三号坑。一号坑最大，东西长230米，宽612米，总面积达14 260平方米。在这个坑内埋有约6 000个真人大小的陶俑。在地下发现形体如此大、数量如此多、造型如此逼真的陶俑，实在是一件令人难以置信的事。

1．一号坑

一号坑（见图2—54）中已发掘出武士俑500余件，战车6乘，驾车马24匹，还有青铜剑、吴钩、矛、箭、弩机、铜戟等实战用的青铜兵器和铁器。俑坑东端有210个

图 2—52　兵马俑坑

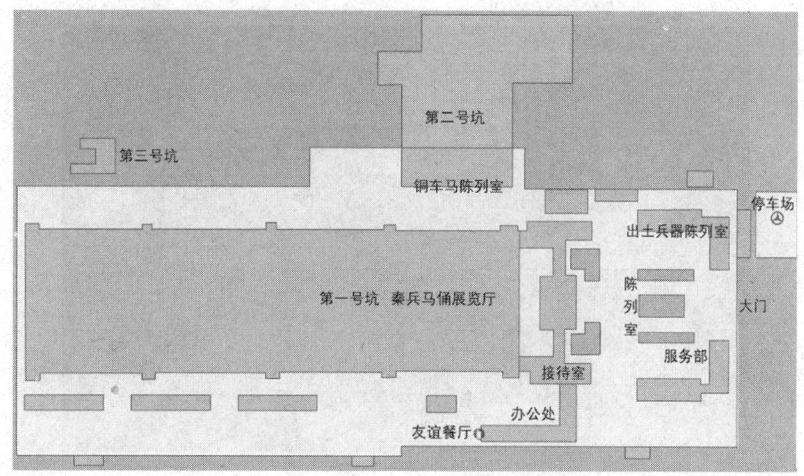

图 2—53　兵马俑博物馆平面布局

与人等高的陶武士俑，面部神态、服式、发型各不相同，个个栩栩如生，形态逼真，排成三列横队，每列 70 人，其中除 3 个领队身着销甲外，其余均穿短褐，腿扎裹腿，线履系带，免盔束发，挽弓挎箭，手执弩机，似待命出发的前锋部队。其后，是 6 000 个铠甲俑组成的主体部队，个个手执长 3 米左右的矛、戈、戟等兵器，同 35 乘驷马战车间隔在 11 条东西向的过道里，排成 38 路纵队。南北两侧和两端，各有一列武士俑，似卫队，以防侧尾受袭。这支队伍阵容齐整，装备完备，威风凛凛，气壮山河，是秦始皇当年浩荡大军的艺术再现，具有强烈的艺术感染力。

2. 二号坑

二号坑（见图 2—55）位于一号坑的东北侧和三号坑的东侧，呈曲尺形方阵，东西长 96 米，南北宽 84 米，总面积约 6 000 平方米。坑内建筑与一号坑相同，但布阵更为复杂，兵种更为齐全，是 3 个坑中最为壮观的军阵。二号坑建有 1.7 万平方米的陈列大厅，是目前我国规模最大、功能最齐全的现代化遗址陈列厅。

图 2—54　一号坑

图 2—55　二号坑

据初步推算，二号坑有陶俑陶马 1 300 多件，战车 80 余辆，青铜兵器数万件，其中将军俑、鞍马俑、跪姿射俑为首次发现。二号坑东西两端各有 4 个斜坡门道，北边有 2 个斜坡门道，俑坑坐西面东，正门在东边。坑内布局分为 4 个单元。第一单元位于俑坑东端，四周长廊有立式弩兵俑 60 个，阵心由八路面东的 160 个蹲跪式弩兵俑组成。第二单元位于俑坑的右侧，由 64 乘战车组成方阵（车系木质，仅留遗迹）。第三单元位于中部，由 19 辆战车、264 个步兵俑和 8 个骑士俑组成长方形阵，共分 3 列。第四单元位于军阵左侧，108 个骑士俑和 180 匹陶鞍马俑排成 11 列横队，组成长方形骑兵阵。

3．三号坑

三号坑（见图 2—56）在一号坑西端 25 米处，面积约为 520 平方米，呈凹字形，门前有一乘战车，内有 68 个武士俑。从三号坑的布局看，似为总指挥部，统率左、右、中三军，只是没有建成而已。

图 2—56　三号坑

三、出土文物

1. 古代兵器

兵马俑坑内出土的青铜兵器有剑、矛、戟、弯刀，以及大量的弩机、箭头等。据化验数据表明，这些铜锡合金兵器经过铬化处理，虽然埋在土里 2 000 多年，依然刃锋锐利，闪闪发光，这表明当时已经有了很先进的冶金技术，可以视为世界冶金史上的奇迹。

2. 铜车马坑

1979 年，考古工作者在秦始皇陵西侧 20 米处发现了铜车马坑，它与兵马俑坑相互辉映，成为中国考古界又一个重大的发现。

铜车马主体为青铜所铸，一些零部件为金银饰品。各个部件分别铸造，然后用嵌铸、焊接、粘接、铆接、子母扣、纽环扣接、销钉连接等多种机械连接工艺，将众多的部件组装为一体。铜车马通体彩绘，马为白色，彩绘时所用颜料均为用胶调和的矿物颜料，利用胶的浓度塑造出立体线条。

景点 2：明清皇家陵寝

一、明清皇家陵寝概况

明清皇家陵寝是埋葬明清两代帝王、后妃的陵墓建筑群。明清是陵寝建设史上的一个辉煌时期，明清皇家陵寝综合体现了风水学、建筑学、美学、哲学、景观学、丧葬祭祀、宗教、民俗等中国传统文化。

明朝从明太祖朱元璋推翻元朝政权，建元洪武到崇祯十七年，统治时间 277 年。明太祖朱元璋死后埋葬在南京钟山脚下，称孝陵。明朝有 13 位皇帝葬于北京昌平的天寿山一带，通称明十三陵。此外，明代为生前没有当过皇帝、死后被追尊为帝的也营建了陵园。如嘉靖皇帝朱厚熜的父亲朱祐杬，原为兴献王，朱厚熜入继大统后，追尊其父为睿宗献皇帝，将湖北钟祥原王坟扩建为显陵。

满族人建立的清朝自清太祖努尔哈赤开基至辛亥革命后宣统皇帝退位，共历经 12 帝，统治 295 年。清代帝王陵寝，从建陵年代和地理位置可分为清初关外三陵、清东陵和清西陵三个陵区。清东陵和清西陵的陵墓从规划建制到建筑造型均仿照明朝，采用集中陵区的手法，安排总入口，从正红门开端，经统一的神道石像生、碑亭及华表，然后分达各陵区。

中国的明清皇家陵寝——明显陵、明孝陵、明十三陵、清东陵、清西陵等都被列入了《世界遗产名录》。

二、明清皇家陵寝主要景点

1. 明显陵

明显陵（见图 2—57）位于湖北省钟祥市，是嘉靖皇帝朱厚熜的父亲睿宗献皇帝朱祐杬和母亲章圣皇太后的合葬墓，建于 16 世纪中叶，历时 46 年，占地约 40 公顷。

图 2—57　明显陵

明显陵在规划布局上，利用中国传统的风水理论，根据“负阴抱阳”和“背山面水”的原则，形成了一个与自然高度和谐的局部小环境。陵墓的最南端建有碑亭一座，亭已毁，内供汉白玉石碑，上书“纯德山”三个大字。纯德山东侧天子岗建有龙首龟趺碑亭一座，俗称“山曲”碑亭。外罗城前建造歇山顶宫门一座，名新红门。新红门右侧依原有天然池塘建有外明塘，外明塘后为三道御桥。过御桥为正红门，正红门红墙黄瓦，歇山顶式，有券门三洞。进正红门神道有高大的睿功圣德碑亭，平面布局为方形，占地 334 平方米，汉白玉台基，下设石须弥座，上为重檐歇山顶，四边各开有券门，正中立龙首龟趺睿功圣德碑，碑亭后设御桥三座。过桥便是陵区最主要的墓饰建筑。

迎面为汉白玉望柱，下为方形须弥座，柱身为六棱形，二层束腰云盘托着圆柱形有云龙纹浮雕望柱头。望柱后排列着石像生群，计有狮子、獬豸、卧骆驼、卧象、麒麟、立马、卧马各一对，武将两对，文臣、勋臣各一对，造型生动，排列有序。其后为龙凤门，整个龙凤门不仅洁白耀眼，而且金碧辉煌。从龙凤门再越御桥便是神道，该神道为龙形神道。祾恩殿为歇山宫殿式建筑，面阔五间，进深四间。祾恩殿后为陵寝门，面阔三间，砖石琉璃结构。陵寝门后是方城明楼，方城上建有明楼，重檐歇山顶，石须弥座基础，四道券门。内供“大明睿宗献皇帝之陵”圣号碑。方城后左右连接着前后宝城，前宝城呈椭圆形，东西宽 112 米，南北长 125 米。宝城内为宝顶，宝顶下为 1519 年所建玄宫，玄宫内停放着睿宗献皇帝和皇后灵棺。陵区外围沿祖山、东西砂山、案山建有显陵卫、东果园、西菜园、更铺及巡山铺等。

2. 明孝陵

明孝陵（见图 2—58）在南京市东郊紫金山南麓独龙阜玩珠峰下，明朝开国皇帝朱元璋和皇后马氏合葬于此。明孝陵建于明洪武十四年（1381 年），翌年马皇后去世，葬入此陵。因马皇后谥号“孝慈”，故陵名称“孝陵”。洪武三十一年（1398 年），朱元

图 2—58　明孝陵

璋病逝，启用地宫与马皇后合葬，至明永乐十一年（1413 年）建成“大明孝陵神功圣德碑”，整个孝陵建成，历时 30 余年，至今已有 600 多年历史。

明孝陵经历了 600 多年的沧桑，许多建筑物的木结构已不存在，但陵寝的格局仍然保留，地下墓宫完好如初。陵区内的主体建筑和石刻，方城、明楼、宝城、宝顶，包括下马坊、大金门、神功圣德碑、神道石刻等，都是明代建筑遗存，保持了陵墓原有建筑的真实性和空间布局的完整性。特别是明孝陵的“前朝后寝”和前后三进院落的陵寝制，反映的是礼制，但突出的是皇权和政治。明孝陵的陵寝制度既继承了唐宋及之前帝陵“依山为陵”的制度，又通过改方坟为圜丘，开创了陵寝建筑“前方后圆”的基本格局。明孝陵的帝陵建设规制，一直规范着明清两代 500 余年 20 多座帝陵的建筑格局，在中国帝陵发展史上有着特殊的地位。所以，明孝陵堪称明清皇家第一陵。这座已有 600 多年历史的明代皇家陵墓以其墓主显赫、规模宏大、形制独特、环境优美而闻名于世。

1961 年，明孝陵被公布为第一批全国重点文物保护单位。2003 年 7 月，在第 27 届世界遗产大会上，明孝陵作为“明清皇家陵寝”扩展项目被列入《世界遗产名录》。世界遗产委员会评价：明清皇家陵寝精心选址，将数量众多的建筑物巧妙地安置于地下。它是人类改变自然的产物，体现了传统的建筑和装饰思想，阐释了封建中国持续五百余年的世界观与权力观。

3. 明十三陵

明十三陵是明朝十三个皇帝的陵墓，坐落在北京西北郊昌平区燕山山麓的天寿山，总面积 120 余平方千米。这里自永乐七年（1409 年）五月始作长陵，到明朝最后一帝崇祯葬入思陵止，其间 230 多年，先后修建了 13 座金碧辉煌的皇帝陵墓、7 座妃子墓、1 座太监墓。

明长陵位于天寿山主峰南麓，是明朝第三位皇帝成祖朱棣和皇后的合葬陵寝。在十三陵中建筑规模最大，营建时间最早，地面建筑也保存得最为完好。它是十三陵中的祖陵，也是陵区内最主要的旅游景点之一。

明定陵是明代万历皇帝朱翊钧的陵墓，这里埋葬的还有他的两个皇后。该陵坐落在大峪山下，位于长陵西南方，建于 1584—1590 年（万历十二年至万历十八年），主要建筑有祾恩门、祾恩殿、宝城、明楼和地下宫殿等，占地 182 000 平方米，是十三陵中唯一一座被发掘了的陵墓。定陵地宫（见图 2—59）可供游人参观。

图 2—59　定陵地宫

明十三陵是中国历代帝王陵寝建筑中保存得比较好的一处，而且建筑雄伟，体系完整，具有较高的历史和文物价值。中华人民共和国成立后，政府为了保护这一文物古迹，从解放初期就开始进行维修，并将明十三陵作为全国重点文物加以保护。1957年，北京市政府公布明十三陵为北京市第一批重点古建文物保护单位。1961年，明十三陵被公布为全国重点文物保护单位。1982年，国务院公布八达岭—十三陵风景区为全国44个重点风景名胜保护区之一。1991年，明十三陵被国家旅游局确定为“中国旅游胜地四十佳”之一。

4．清东陵

清东陵位于河北省遵化市西北部的昌瑞山下，这里共建有15座陵寝（皇帝陵5座、皇后陵4座、妃园寝5座、公主园寝1座），埋葬帝、后、妃及皇子、公主等共161人。清东陵是中国现存规模最为宏大、体系最为完整、保存最为完好的帝王陵墓建筑群，在陵寝的选址和规划设计中，着力体现“天人合一”的宇宙观。

（1）孝陵

孝陵为清世祖顺治帝爱新觉罗·福临的陵墓。顺治帝是清朝统一全国后的第一帝，在位18年。与顺治帝合葬的还有孝康皇后、孝献皇后。孝康皇后是康熙帝的生母。孝献皇后是顺治帝的宠妃，死后被追尊为皇后。

大红门是东陵的门户，门前矗立着一座巍峨的五间六柱十一楼式石牌坊，有石麒麟和下马碑，碑上刻着“官员人等至此下马”的字样，以显示封建皇帝的威严。孝陵神道从华表起排列18对石象生，裕陵有8对，其他陵5对。孝陵神道后段有分出的景陵、裕陵和定陵神道，自成系统。神道上的主要建筑是大碑楼，重檐飞翘，华丽壮观。碑楼中间，屹立着高大的圣德神功碑，共两通，碑身为镜面玉石，分别用满汉文字铭刻着顺治帝的“神功圣德”。大碑楼北是龙凤门，神道北端有碑亭，亭内竖立龟趺石碑，碑上面分别刻着各皇帝的庙号、谥号、陵名等。碑亭东面是神厨库，为烹调祭品的场所。碑亭北面是隆恩门，东西两侧有朝房和班房。隆恩门内是隆恩殿，是举行奠祭仪式的主要场所。其后为明楼，下为方城，呈正方形。方城两边有高大的城墙，绕墓一周，即宝城。宝城上有甬道，甬道两边有女墙。宝城中是宝顶，宝顶南侧是影壁，影壁下为通往地宫的隧道，宝顶下即是地宫。

（2）景陵

景陵为清圣祖康熙帝爱新觉罗·玄烨和孝诚、孝昭、孝懿、孝恭四位皇后及敬敏皇贵妃的陵墓。康熙帝为入关后第二帝，在位61年。他开创了中国封建社会最后一个盛世——康乾盛世，素有“康熙大帝”之美誉。记载其功德的碑文也特长，有4 300多字，约为孝陵碑文的3倍，仅汉字就排得满满的，根本容不下满文，故雍正帝特发上谕，建立二碑，一刻汉文，一刻满文。以后无论已故的皇帝业绩有多少，均立双碑。此外，五楼六柱结构的牌楼门也是首创，后世多有仿效。隆恩殿内大柱耸立，甚为壮观。

（3）裕陵

裕陵为清高宗乾隆帝爱新觉罗·弘历和孝贤、孝仪二皇后，慧贤、哲悯、淑嘉三位皇贵妃的陵墓。裕陵地宫规模宏大，它是传统的拱券式石结构，前后三室四道石门，呈“主”

字形，进深达 54 米，面积 372 平方米。地宫门楼上雕出檐、瓦垄、吻兽，八扇石门上各浮雕一菩萨立像。所有雕刻工艺精湛，形态逼真，线条流畅，各种图案疏密相宜，繁而不乱。乾隆帝是清朝中期的著名君主，在他统治期间，我国是一个疆域辽阔、国力强盛、经济发展、文化繁荣的统一的多民族国家，把“康乾盛世”推向了顶峰。他在位 60 年，又当了 3 年太上皇帝，享年 89 岁。

5．清西陵

清西陵位于河北省保定市易县，共有 4 座皇帝陵、3 座皇后陵、3 座妃园寝、4 座王爷、公主、阿哥园寝，另外还有 2 座附属建筑（永福寺、行宫）。清西陵始建于 1730 年，历经 18 世纪中叶至 19 世纪初。西陵陵区以雍正泰陵和嘉庆昌陵并列为中心，西有道光慕陵，东有光绪崇陵，分布不如东陵整齐集中，各陵间有小路相通。帝陵附近建有后妃园寝。清西陵以大量的实物形象和文字史料，从不同侧面展示了 18 世纪 30 年代至 20 世纪初期中国陵寝建筑艺术风格及皇家宗教信仰的重大发展、变化，对中国古代陵寝建筑艺术的创新与发展有重要贡献，具有清代以前各代陵寝建筑不可替代的历史、艺术、科学和鉴赏价值。

（1）泰陵

泰陵为清世宗雍正帝爱新觉罗·胤禛和孝敬宪皇后、敦肃皇贵妃的陵墓。泰陵始建于 1730 年，占地 8.47 公顷，主体建筑自最南端的火焰牌楼开始，过一座五孔石拱桥，便开始了西陵最长的神路——2.5 千米长的泰陵神路。沿神路往北至宝顶，分布着 40 多座大小建筑。在过神道北端有三座三孔石桥的小碑亭，亭内石碑上用满、汉、蒙三种文字刻“世宗敬天昌运建中表正文武英明宽仁信毅大孝至诚宪皇帝之陵”。隆恩殿是正殿，重檐歇山黄瓦顶。殿内梁枋上装饰着金线大点金彩画，枋中心的画是“江山一统”和“普照乾坤”，全殿金碧辉煌。殿内有 3 个暖阁，分别供奉佛像和皇帝、皇后的牌位，是举行祭祀之处。隆恩殿后面是三座门、二柱门、石五供、方城明楼。

明楼上有满、汉、蒙三种文字石碑刻庙号。从明楼有马道通往宝城，宝城上面是宝顶，下面是地宫。在泰陵东北 3 里处，有泰东陵，葬着雍正帝的孝圣惠皇后，是乾隆帝的生母。泰东陵南面又有泰妃陵，葬着雍正帝的裕妃、齐妃等 21 个妃子。

（2）昌陵

昌陵为清仁宗嘉庆帝爱新觉罗·颙琰和孝淑睿皇后的陵墓，位于泰陵西 1 千米处，修建于 1796 年，其建筑规模、规制和泰陵基本相同，唯隆恩殿地面独具特色。昌陵隆恩殿地面采用的是珍贵的紫花石，每块 62 厘米见方，不滑不涩，砖缝如线，平亮如砥，石面呈黄色，缀以天然形成的紫色花纹图案，其状如竹笋、似春蚕、若芙蓉、像绒球，在阳光的照耀下，似满堂宝石铺地。另外，朝房、圣德神功碑楼、隆恩门、配殿、明楼、宝城、宝顶等较泰陵更为宏大。

（3）崇陵

崇陵为清德宗光绪帝爱新觉罗・载湉和孝定景皇后的陵墓。崇陵是中国最后一座帝王陵寝，始建于 1909 年（宣统元年），完工于 1915 年。隆恩殿构架用质地坚硬的铜藻木和铁藻木建成，有铜梁铁柱之称。特别是殿内 4 根金柱采用沥粉贴金的盘龙装饰，为清帝陵的独到之处。明楼和三座门前分别挖砌了御带河，地宫内凿有 14 个水眼与龙须沟相通，为地宫排水之用。崇陵虽建于清末民初，建筑规制仍壮观宏伟。在众多的建筑物中，地宫工程最为浩大，地宫内有宝床，皇帝、皇后的棺停放在宝床之上。四道石门是地宫的重要组成部分，八扇石门上浮雕着菩萨立像。

第五节　古　镇

景点 1：丽江古城（玉龙雪山）

一、丽江古城概况

丽江古城（见图 2—60）位于中国西南部云南省的丽江纳西族自治县。丽江古城又名大研镇，因其居丽江坝中心，四面青山环绕，一片碧野之间绿水萦回，形似一块碧玉大砚，故而得名。

丽江古城始建于元初忽必烈南征云南大理之时，自古就是西南重要的政治和经济中心。丽江古城地处云贵高原，海拔 2 400 余米，全城面积达 3.8 平方千米，现有居民 6 200 多户，25 000 余人，其中纳西族占总人口绝大多数，有 30% 的居民仍在从事以铜银器制作、皮毛皮革加工、纺织、酿造为主的传统手工业和商业活动。

丽江古城未受“方九里，旁三门，国中九经九纬，经途九轨”的中原建城体制影响。城中无规矩的道路网，无森严的城墙。它是中国历史文化名城中唯一没有城墙的古城，据说是因为丽江世袭统治者姓木，筑城如“木”字加框将成“困”字之故。丽江古城布局中的三山为屏、一川相连，水系利用中的三河穿城、家家流水，街道布局中“经络”设置和“曲、幽、窄、达”的风格，建筑物的依山就水、错落有致的设计艺术，在中国现存古城中是极为罕见的，这是纳西族先民根据民族传统和环境再创造的结果。

图 2—60　丽江古城

丽江古城民居是纳西族建筑艺术和风格的集中体现，它在纳西族井干式木楞房形式基础上，吸收汉、白、藏等民族建筑的优点而形成。民居建筑多为两层木结构楼房，穿斗式结构，土坯墙，瓦屋顶，布局形式最为典型的是三坊一照壁、四合五天井等类型。房屋注重局部装饰，如门窗饰以木雕图案，外廊小照壁用大理石装饰，大过梁的梁头雕成兽头，庭院采用鹅卵石或五花石铺装等，都是功能与艺术结合的产物，有鲜明的民族风格。目前，丽江古城有 32 处庭院已被确定为第一批国家重点保护民居。

丽江古城建筑最奇的是巧妙地调用了清澈的玉泉水。当汩汩的泉水流至城头双石桥下时，人们将泉水分为西河、中河、东河三条岔河，每条小河又分成若干支流，穿街绕巷，入院过墙，流遍全城。条条街道见流水，户户门前有清溪。泉水环绕连接每家门庭，开门即河，迎面即柳，形成高原水乡“户户泉水，家家垂柳”的特有风采。他们用水十分讲究，名为三眼井，即泉水喷涌的第一眼井供饮用，下流第二眼井为洗菜，再下流第三眼井方可用以洗衣服。三井严格分开，不准乱用。清澈的溪流为居民用水提供了极大的方便，同时，也增加了空气的湿度，调节了气候，还有利于防止火灾。

一石跨渠，即成一家，水绕民家，自然处处以桥通路。建于明清时代的 300 多座大小石拱桥、石板桥跨于清溪之上，显得古朴而恬静。桥梁的形制也多种多样，较著名的有锁翠桥、大石桥、万千桥、南门桥、马鞍桥、仁寿桥等。其中以位于四方街以东 100 米的大石桥最具特色。

丽江古城历史悠久，古朴自然。它是以充分体现人与自然和谐统一、多元融合的文化为特点，以平民化、世俗化的古雅民居为主体的“建筑群”类型的世界文化遗产，是一座至今还存活着的文化古城。

1997 年 12 月 3 日，联合国教科文组织将丽江古城列入《世界遗产名录》。

世界遗产委员会评价：古城丽江把经济和战略重地与崎岖的地势巧妙地融合在一起，真实、完美地保存和再现了古朴的风貌。古城的建筑历经无数朝代的洗礼，饱经沧桑，它融汇了各个民族的文化特色而声名远扬。丽江还拥有古老的供水系统，这一系统纵横交错、精巧独特，至今仍在有效地发挥着作用。

二、丽江古城人文

1．纳西古乐

丽江纳西人历来重教尚文，许多人擅长诗琴书画。在古城多彩的节庆活动中，除了通宵达旦的民族歌舞和乡土戏曲外，业余演奏的“纳西古乐”最为著名。其中，《白沙细乐》是集歌、舞、乐为一体的大型古典音乐套曲，被誉为“活的音乐化石”。另一部《洞经音乐》则源自古老的道教音乐，它保留着许多早已失传的中原辞曲音韵。丽江纳西古乐曾应邀赴欧洲多国演出，受到观众的热烈欢迎和高度赞誉。

2．丽江壁画

闻名于世的丽江壁画，分布在古城及周围 15 座寺庙内，这些明清壁画具有多种宗教融合并存的突出特点。据史料记载，以大宝积宫为代表的白沙壁画，是在明初至清历时 300 多年的时间里陆续绘制完成的。当时的土知府木旺聘请了以马啸天为首的一批汉族画家，另外，藏族和白族画家、东巴教弟子、道教弟子也参加了壁画的绘制工作。白沙壁画对各种宗教文化和艺术流派兼收并蓄，独树一帜，融藏传佛教、汉传佛教、道教以及东巴教等多种宗教于一身。在艺术风格上，反映出汉、藏、纳西等民族传统绘画技法与风格的相互融汇。壁画内容上则展示了藏传佛教、儒教、道教等的生活故事。绘画布局周密，用笔严谨，色彩富丽，造型准确，人物形象逼真，明显吸取了东巴画绘画粗犷、色彩对比强烈、线条均匀、笔法洗练的特点。遗存于丽江白沙村大宝积宫的大型壁画《无量寿如来会》，把汉传佛教和藏传佛教的百尊神佛像绘在一起，反映了纳西族宗教文化的特点。

3．东巴文

丽江一带迄今流传着一种图画象形文字“东巴文”。这种纳西族先民用来记录东巴教经文的独特文字，是世界上唯一活着的图画象形文，如图 2—61 所示。如今分别收藏在中国和欧美一些国家图书馆、博物馆中的 20 000 多卷东巴经古籍，记录着纳西族千百年辉煌的历史文化。其中，被称作《磋模》的东巴舞谱，包括数十种古乐舞，是极为罕见的珍贵文献。被誉为古代纳西族“百科全书”的东巴经，对研究纳西族的历史、文化具有重要价值。

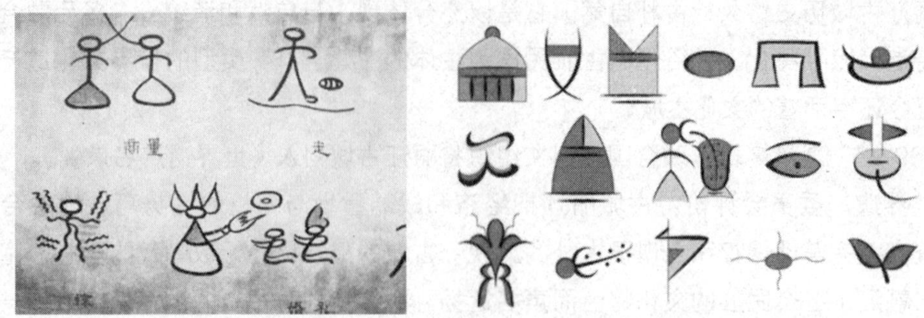

图 2—61　东巴文

三、丽江主要景点——丽江印象

1．古街

丽江街道依山势而建，顺水流而设，以红色角砾岩（五花石）铺就，雨季不泥泞，旱季不飞灰，石上花纹图案自然雅致，质感细腻，与整个城市环境相得益彰。

四方街（见图 2—62）是丽江古街的代表，位于古城的核心位置。纳西语称这里为“工本”，意思是“仓库聚集的地方”。明清以来各方商贾云集，各民族文化在这里交汇生息，这里是茶马古道上最重要的枢纽站，也是丽江经济文化交流的中心。四方街是大研镇的中心，象征着“权镇四方”。从四方街四角延伸出四大主街——光义街、七一街、五一街、新华街，又从四大主街岔出众多街巷，如蛛网交错，四通八达，从而形成以四方街为中心，沿街逐层外延的缜密而又开放的格局。

图 2—62　四方街

四方街是一个大约100平方米的梯形小广场，它以彩石铺地、清水洗街、日中为市、薄暮涤场的独特街景而闻名遐迩。街道全用五彩石铺砌，平坦洁净、晴不扬尘、雨不积水，至今仍保留着古代利用河水清洗街道的装置。街道建造时被设计得中间稍微凸起，两边凹下，犹如一片巨瓦。一条河道位于广场的西面，河上设有水闸，每到傍晚收市，居民们就关上水闸，河的水位立即上升，顺着瓦形的坡度漫过整个广场，流到四周排污水的暗沟里。广场的四面都有一条宽30厘米、深约45厘米的排污水暗沟，每一条暗沟又与广场四周铺面后院的下水道连接。这样，从地面到地下，形成了一个完整的排污系统，把四方街冲洗得干干净净。

四方街最迷人的是晚上，沿河都是些大大小小的酒吧、茶楼。形状各异的大红灯笼，高高悬挂在各家门前，热情地招呼着游客的到来。晚间的四方街就笼罩在这样温暖祥和的气氛中。有时水里会有一两只荷花形河灯漂过，烛光忽明忽暗，载着放灯人的心愿漂向远方。

2．古桥

在丽江古城区内的玉河水系上，飞架有354座桥梁，其密度为平均每平方千米93座，形式有廊桥（风雨桥）、石拱桥、石板桥、木板桥等。大石桥（见图2—63）为古城众桥之首，位于四方街东向100米，由明代木氏土司所建，因从桥下河水中可看到玉龙雪山的倒影，又名映雪桥。该桥系双孔石拱桥，拱圈用板岩石支砌，桥长10余米，桥宽近4米，桥面用传统的五花石铺砌，坡度平缓，便于两岸往来。

图2—63　大石桥

3．木府

丽江古城是中国历史文化名城，是世界文化遗产，而木府（见图2—64）是丽江古城文化的“大观园”。木府原为丽江世袭土司木氏的衙署，始建于元朝，1998年重建后改为古城博物院。纳西民族首领木氏自元朝世袭丽江土知府以来，历经元、明、清三代 22 世 470 年，在西南诸土司中以“知诗书好礼守仪”而著称。木府位于古城西南隅，明代其建筑气势万千，徐霞客曾叹木府曰：“官室之丽，拟于王者”，可惜大部分建筑毁于清末战火。1996 年大地震后，木府得以重建，丽江能工巧匠精心设计施工，经 3 年时间，使木府如凤凰涅槃般再现于世。

图 2—64　木府

重建的木府占地 46 亩，中轴线长 369 米，整个建筑群坐西朝东，“迎旭日而得大气”。沿中轴线依地势建有忠义坊、义门、前议事厅、万卷楼、护法殿、光碧楼、音楼、三清殿、配殿、阁楼、戏台、过街楼、家院、走廊、宫驿等 15 幢，大大小小计 162 间。木牌坊上大书“天雨流芳”四字，乃纳西语“读书去”之谐音，体现纳西族推崇知识的传统；石牌坊通体皆石，结构三层，是国内石建筑的精品；议事厅端庄宽敞，气势恢宏，是土司议政之殿；万卷楼集 2 000 年文化遗产之精粹，千卷东巴经，百卷大藏经，六公土司诗集，众多名士书画，皆是翰林珍奇，学苑瑰宝；护法殿又称后议事厅，是土司议家事之殿；光碧楼乃后花园门楼，史称其建筑“称甲滇西”；玉音楼是接圣旨之所和歌舞宴乐之地；三清殿是木氏土司推崇道家精神的产物，而狮山古柏深处，还有木氏土司祭祀天、祖、大自然的场所，木府充分体现了纳西族广纳多元文化的开放精神。

4．福国寺五凤楼

位于城内福国寺的五凤楼，始建于明代万历二十九年（1601 年），1983 年被公布为云南省重点文物保护单位。五凤楼楼高 20 米，为层甍三重担结构，基呈“亚”字形，楼台三叠，屋担八角，三层共 24 个飞檐，就像五只彩凤展翅来仪，故名五凤楼。全楼共有 32 棵柱子落地，其中 4 棵中柱各高 12 米，柱上部分用斗架手法建成，楼尖贴金实顶。天花板上绘有太极图、飞天神王、龙凤呈祥等图案，线条流畅，色彩绚丽，具有汉、藏、纳西等民族的建筑艺术风格，是中国古代建筑中的稀世珍宝和典型范例。

5．白沙民居建筑群

白沙民居建筑群位于丽江古城北 8 千米处，曾是宋元时期丽江政治、经济、文化的中心。白沙民居建筑群分布在一条南北走向的主轴上，中心有一个梯形广场，四条巷道从广场通向四方。民居铺面沿街设立，一股清泉由北面引入广场，然后融入民居群落，极具特色。白沙民居建筑群的形成和发展为后来丽江古城的布局奠定了基础。

6．束河民居建筑群

束河民居建筑群在丽江古城西北 4 千米处，是丽江古城周边的一个小集市。束河依山傍水，民居房舍错落有致。街头有一潭泉水，称为“九鼎龙潭”，又称“龙泉”。青龙河从束河村中央穿过，建于明代的青龙桥横跨其上。青龙桥高 4 米、宽 4.5 米、长 23 米，是丽江境内最大的石拱桥。桥东侧建有长 32 米、宽 27 米的四方广场，形制与丽江古城四方街相似，同样可以引水洗街。

7．玉龙雪山

玉龙雪山（见图 2—65）位于云南省西北，距丽江古城北面约 15 千米。它是云岭山脉中最高的一列山地，是世界上北半球距赤道最近的现代海洋性冰川。它处于青藏高原东南边缘，横断山脉分布地带，在大地构造上属横断山脉皱褶带。玉龙雪山山势走向由北向南，南北长 35 千米，东西宽 25 千米，雪山面积达 960 平方千米，由 13 座山峰组成，海拔均在 5 000 米以上。主峰扇子陡峰海拔 5 596 米，是长江以南的第一高峰，为诸峰之最。这里终年积雪，雪山山体高耸，山腰常有云雾，远远望去，宛如一条玉龙腾空，故名“玉龙雪山”。

整个玉龙雪山集亚热带、温带及寒带的各种自然景观于一身，构成独特的“阳春白雪”主体景观。雨雪过后，雪格外白，松格外绿，掩映生态，移步换形，很像是白雪和绿松在捉迷藏，故有“绿雪奇峰”，雪不白而绿，蔚为奇观。

图 2—65　玉龙雪山

玉龙雪山是花的海洋。不曾到过玉龙雪山的人一定不能想象它那遍地白雪和鲜花的奇景。玉龙雪山的花，独占花魁的自是杜鹃花。杜鹃花是雪山奇观之一：矮的只匍匐地面，一旦花开，连枝条都看不见一根；高的与乔木争高，细细碎碎地开了个满天星，红的、白的、紫绛纱的，如满斛明珠，艳若桃花，冷若冰霜。杜鹃花大的如牡丹，小的如丁香，无一不是人间庭园的奇珍，却在这寂寞的雪山上任意开放。

丽江玉龙雪山气势磅礴，造型清秀玲珑，其冰川类型为悬冰川和冰斗冰川。随着节令及气候变化，雪山景观也交替变幻，呈现出多姿多彩的画面。清代纳西族学者木正源曾形象地归纳出“玉龙十二景”，即“三春烟笼”“六月云带”“晓前曙色”“螟后夕阳”“晴霞五色”“夜月双辉”“绿雪奇峰”“银灯炫焰”“玉湖倒影”“龙甲生云”“金沙壁流”和“白泉玉液”。从不同角度生动地描绘了雪山景色，体现了不同节令、不同时辰玉龙雪山景致的变幻无常与千姿百态。

玉龙雪山集天下名山的险、奇、美、秀于一身。玉龙雪山还是动植物王国，生态类型齐备，是横断山脉中高山动植物生长最集中的地段，被誉为“天然高山动植物园”和“现代冰川博物馆”，其特殊的地质构造、丰富的古生物化石和种类繁多的动植物群落，是科学考察研究取之不尽的丰富宝藏。玉龙雪山还是一座人类尚未征服的处女峰，半个多世纪以来，虽然有不少国内外登山队前来攀登，但均未登上主峰。玉龙雪山大面积的雪海是优良的天然滑雪场。为方便游客，这里还建成了我国海拔最高的旅游客运索道。

景点2：乌　镇

一、乌镇概况

乌镇（见图2—66）隶属浙江省嘉兴市桐乡市，西临湖州市，北界江苏苏州市吴江区，地处江南水乡。乌镇曾名乌墩和青墩，具有六千余年的悠久历史，是全国二十个黄金周预报景点及江南六大古镇之一，也是“中国最后的枕水人家”。

图2—66　乌镇

乌镇是典型的江南地区汉族水乡古镇，有“鱼米之乡，丝绸之府”之称，1991 年被评为浙江省历史文化名城，1999 年开始古镇保护和旅游开发工程。

二、乌镇主要景点

乌镇具有典型的江南水乡特征，完整地保存着原有晚清和民国时期水乡古镇的风貌和格局，以河成街，街桥相连，依河筑屋，水镇一体，组织起水阁、桥梁、石板巷、茅盾故居等独具江南韵味的建筑因素，体现了中国古典民居“以和为美”的人文思想，以其自然环境和人文环境和谐相处的整体美，呈现江南水乡古镇的空间魅力。

河网在乌镇内和主干道重合，连桥成路，流水行船，做成亦路亦水的形式。这个水网体系连接京杭大运河、太湖和乌镇的池塘、水井，理想地解决了农作、饮用、排水、观赏、运输等水问题。在乌镇的布局中，由于历史上曾地跨两省（浙江、江苏）、三府（嘉兴、湖州、苏州）、七县（乌程、归安、崇德、桐乡、秀水、吴江、震泽），加之吴越文化的积累、沉淀，观念上明显受中国传统儒家文化和运河商业文化的影响。

桥是江南水乡古镇不可或缺的。乌镇现有 30 多座桥，其中西栅有通济桥、仁济桥，中市及东栅有应家桥、太平桥、仁寿桥、永安桥、逢源双桥，南栅有福兴桥和浮澜桥，北栅有梯云桥和利济桥。这些桥最早建于南宋，大多始建或重建于明清，有些桥还题有桥联。

1．东栅景区

2001 年，乌镇保护开发东栅工程东栅景区（见图 2—67）正式对外开放，一期景区面积约 0.46 平方千米，保护建筑面积近 6 万平方米，是中国著名的古镇旅游胜地。景区游程达 2 千米，由东栅老街、观前街、河边水阁、廊棚组成，工程全部完工后，东栅景区占地面积约为 0.9 平方千米，设有十多个景点。

图 2—67　东栅景区

2. 西栅景区

西栅位于乌镇西大街，毗邻古老的京杭大运河，并有公路直通江苏、苏州和桐乡市区，交通十分便利，与东栅以旅游观光为主题不同，西栅打造的是商务旅游、休闲度假为主。西栅景区（见图 2—68）占地 3.4 平方千米，纵横交叉河道 9 000 多米，需坐渡船出入，有古桥 72 座，河道密度和石桥数均为全国古镇之最。景区内保存有精美的明清建筑 25 万平方米，横贯景区东西的西栅老街长度达 1.8 千米，两岸临河水阁绵延约 1.8 千米。景区北部区域则是五万多平方米的天然湿地。

图 2—68　西栅景区

3. 江南百床馆

江南百床馆是中国第一家专门收藏、展出江南古床的博物馆，坐落在乌镇东大街，面积约 1 200 多平方米，内收数十张明、清及近代的江南古床精品。馆内第一展厅陈列的有明代的马蹄足大笔管式架子床等，采用木架构造形式，强调家具形体的线条形象；第二展厅陈列的有清代的拔步千工床等床，用料为黄杨木，长 217 厘米，深 366 厘米，高 292 厘米，前后共有三叠，此床历时 3 年方才雕成，用工千余，故有其名。

4. 江南民俗馆

江南民俗馆展示了晚清至民国时期乌镇民间有关寿庆礼仪、婚育习俗和岁时节令等民俗。衣俗厅以实物、蜡像、照片等不同手段展示百余年前江南民间穿着习俗。节俗厅通过一年不同节气中乌镇人不同的生活习俗，比如春节拜年、元宵走桥、清明香市、端午吃粽、水龙大会、天贶晒虫、中元河灯、中秋赏月、重阳登高、冬至祭祖等，展示江南水乡风俗。婚俗厅以喜堂拜堂为中心，通过新人、媒婆、父母等人物以及花轿、嫁妆等实物展示婚庆的热闹场景。寿俗厅以老人祝寿为主题，通过厅堂的吉庆实景和字画、寿幛、寿桃、寿面等特有的祝寿物品，展示百余年前江南的祝寿习俗。

5. 江南木雕陈列馆

这里原是东栅徐家的豪宅，又名百花厅，以其木雕精美而闻名。正室偏屋内陈列了丰富的中国古代木雕精品器件。木雕馆里的木雕取材丰富，有“八仙过海”和“郭子仪祝寿”等民间传说，有“打鱼”“斗蟋蟀”和“敲锣打鼓”等生活场景，也有“龙凤呈祥”“松鼠吃葡萄”和“梅兰竹菊”等传统图样，刻画出具有江南地方特色的民俗风情。

6. 茅盾故居

茅盾故居是中国全国重点文物保护单位，坐落在乌镇市河东侧的观前街，四开间两进，层木结构楼房，坐北朝南，总面积约 450 平方米。茅盾故居分东西两个单元，是茅盾的曾祖父分两次购买，包括卧室、书房、餐厅等建筑，其家具与布置仍是茅盾当初居住时的样子。

7. 修真观

修真观（见图 2—69）在乌镇中市。北宋咸平元年（998 年），道士张洞明在此结庐，修真得道，乃创建“修真观”。修真观与苏州玄妙观、濮院翔云观并称江南三大道观，地位极为崇高。修真观共设三进，一进为山门，二进是东岳大殿，三进为玉皇阁；两边分设十殿阎王、瘟元帅、财神等配殿；山门前的广场也依旧开阔宏畅。修真观的山门正门上方挂有一特大算盘，下方书一副极具警世意味的对联：人有千算，天则一算。

图 2—69　修真观

修真观戏台是道观的附属建筑，建于清乾隆十四年（1749 年），与修真观一样屡遭毁损，1919 年修缮后一直保持到今天。戏台占地 204 平方米，北隔观前街与修真观相对，南临东市河，东倚兴华桥。戏台为歇山式屋顶，分为两层，底层用砖石围砌，进出有边门和前门，边门通河埠，底层后部有小梯通楼台，亦可通过翻板门从河埠下到船里。楼台分前后两部分，后部是化妆室，前部是戏台，正对广场。

8. 汇源当铺

汇源当铺（见图 2—70）在应家桥和南花桥之间，五开间的门面，1.8 米高的柜台，楼上楼下两层。据《乌青镇志》记载，乌镇典当行最多时达 13 家，到了 1931 年，只有汇源当铺一家还支撑。当铺四周有高墙围护，靠外墙脚均用一人头高的条石筑就，使盗贼无法翻墙、掘洞，更有高出屋顶的更楼有人日夜瞭望。大门用不易着火的厚实的银杏木制成，外包铁皮，内有坚实的门闩、落地闩。进门有关帝堂，以示忠义为本。头埭为店厅，是收兑当物的交易场所，除汇源当铺外都设有高柜台、木栅栏。当典当者递上当物后，听凭当铺里店员居高临下吆喝开价，低人一头。后埭是库房，为了防火，埭与埭的舍房各不相连，庭院中放了不少挑满水的七石缸，称之为“太平缸”。

图 2—70　汇源当铺

第六节　综合人文景点

景点 1：三孔旅游区

一、三孔旅游区概况

三孔旅游区在山东省曲阜市。曲阜是春秋时期鲁国的都城，是我国思想家、教育

图 2—71　孔子像

家、儒家创始人孔子（见图 2—71）的故乡。这里有着丰富的文化遗产，其中最著名的是驰名中外的曲阜三孔旅游区——孔庙（见图 2—72）、孔林、孔府。

三孔旅游区包括孔子及其后裔的宗庙、墓地和宅邸在内，总占地面积约 3 500 余亩，是拥有近千间建筑的庞大建筑群。

曲阜的孔庙、孔林、孔府，统称“三孔”，是中国历代纪念孔子、推崇儒学的象征。曲阜以丰厚的文化积淀、悠久的历史、宏大的规模和丰富的文物珍藏，被世人尊崇为世界三大圣城之一。1994 年 12 月，“三孔”被列为世界文化遗产。

图 2—72　孔庙

世界遗产委员会评价：孔子是公元前 6 世纪到公元前 5 世纪中国春秋时期伟大的哲学家、政治家和教育家。孔子的庙宇、墓地和府邸位于山东省的曲阜。孔庙是公元前 478 年为纪念孔子而兴建的，千百年来屡毁屡建，到今天已经发展成超过 100 座殿堂的建筑群。孔林里不仅容纳了孔子的坟墓，而且他的后裔中，有超过 10 万人也葬在这里。当初小小的孔宅如今已经扩建成一个庞大显赫的府邸，整个宅院包括了 152 座殿堂。曲阜的古建筑群之所以具有独特的艺术和历史特色，应归功于 2 000 多年来中国历代帝王对孔子的大力推崇。

二、三孔旅游区主要景点

1. 孔庙

孔庙位于曲阜市南门内，是奉祀孔子的庙宇。曲阜孔庙是祭祀孔子的本庙，是分布在中国、朝鲜、日本、越南、印度尼西亚、新加坡、美国等国家 2 000 多座孔子庙的先河和范本。据称孔庙始建于公元前 478 年，最初仅“庙屋三间”，后来经过历代的不断兴建，发展成为以南北为中轴，分左、中、右三路，长630米，宽140米，共有殿、堂、坛、阁460多间，门坊54座，“御碑亭”13座，占地面积约95 000平方米的庞大建筑群。孔庙是中国现存规模仅次于故宫的古建筑群，堪称中国古代大型祠庙建筑的典范。

这组庞大的古代建筑群，历经沧桑，成为中国传统文化的一个缩影。庙内共有九进院落，主要有奎文阁、十三碑亭、杏坛、大成殿及两旁的历代碑刻。孔庙仿皇宫布局，左右对称，布局严谨，黄瓦、红墙、绿树交相辉映。院内苍松翠柏，排列森然，殿宇楼阁，雕梁画栋，金碧辉煌，气魄宏大，威严壮观。整个建筑充分表现了孔子在封建社会的崇高地位，无不透露出孔子思想的博大精深，以及儒家思想的源远流长。

（1）奎文阁

奎文阁（见图2—73）其名乃取自二十八星宿之一，主文章兴衰的奎星而为奎文。奎文阁为藏书阁，阁内原藏历代帝王对孔子的赐书墨迹。阁廊下东侧立李东阳撰书《奎文阁赋》碑，西侧立《奎文阁重置书籍记》碑。经历代战乱，阁内藏书已大部散失。

图2—73 奎文阁

（2）十三碑亭

十三碑亭位于大成门前东西两侧院内。十三碑亭中，矗立着唐、宋、元、明、清各个朝代的各类御碑53方，充分体现了孔子在封建社会的崇高地位。

（3）杏坛

杏坛位于大成殿前甬道正中，传为孔子讲学之处，坛旁有一株古桧，称“先师手植桧”。杏坛周围朱栏，四面歇山，十字结脊，二层黄瓦飞檐，双重半拱。亭内细雕藻井，彩绘金色盘龙，其中还有清乾隆“杏坛赞”御碑。亭前的石香炉，高约1米，形制古朴，为金代遗物。

（4）大成殿

大成殿（见图 2—74）为孔庙主殿，也是孔庙的核心。唐代时称文宣王殿，共有 5 间。宋天禧五年（1021 年）大修时，移今址并扩为 7 间。宋崇宁三年（1104 年），宋徽宗赵佶取《孟子》中“孔子之谓集大成”语义，下诏更名为“大成殿”。清雍正二年（1724 年）重建，九脊重檐，黄瓦覆顶，雕梁画栋，八斗藻井饰以金龙和玺彩图，双重飞檐正中竖匾上刻清雍正帝御书“大成殿”三个贴金大字。殿高 24.8 米，长 45.69 米，宽 24.85 米，坐落在 2.1 米高的殿基上，为孔庙最高建筑，也是中国三大古殿之一。大成殿不仅殿宇宏大，装饰华丽，为全国孔庙之冠，而且此殿前檐有 10 根雕龙石柱，龙姿飞扬，为宫殿建筑中前所未见，连紫禁城的龙柱也相形见绌。殿内正中奉祀孔子塑像，两旁为颜回、孔伋、曾参和孟轲“四配”，以及十二哲的塑像。殿前东西廊原供孔门弟子及儒家历代先贤，现已改为陈列室，陈列着历代碑刻，为书法、绘画、雕刻的艺术宝库。寝殿后的圣迹殿，藏有明代石刻连环画 120 幅，记述了孔子的事迹。故宅井后的鲁壁为秦始皇焚书坑儒时，孔子第九代孙孔鲍收藏《尚书》《礼记》《论语》和《孝经》等的夹墙，人们为了纪念孔鲍保护古代文化的功绩，特地修建了这个鲁壁。

图 2—74　大成殿

孔庙保存汉代以来历代碑刻 1 044 块，有封建皇帝追谥、加封、祭祀孔子和修建孔庙的记录，也有帝王将相、文人学士谒庙的诗文题记，文字有汉文、蒙文、八思巴文、满文，书体有真、草、隶、篆，是研究封建社会政治、经济、文化、艺术的珍贵史料，是中国古代书法艺术的宝库。特别是这里保存的汉碑，在全国是数量最多的。孔庙碑刻数量之多，仅次于西安碑林，所以它有我国第二碑林之称。孔庙的石刻艺术品也很多，著名的有汉画像石、明清雕镌石柱和明刻圣迹图等。

2 000 多年来，曲阜孔庙屡毁屡修，从未废弃，在国家的保护下，由孔子的一座私人住宅发展成为规模形制与帝王宫殿相埒的庞大建筑群，延时之久，记载之丰，可以说是人类建筑史上的孤例。

2. 孔林

孔林（见图 2—75）位于山东曲阜市城北约 1 千米处，又称“宣圣林”或“至圣林”，是孔子及其家族的专用墓地，是世界上延时最久、规模最大的家族墓地，也被称为“天下第一林”。孔子卒于鲁哀公十六年（公元前 479 年），葬鲁城北泗上，其后代从冢而葬，从而形成今天的孔林。

图 2—75 孔林

孔林面积 200 万平方米，林内墓冢累累，碑碣如林，石仪成群，古木参天，有孔子以来历代子孙墓葬十余万座，除汉碑移入孔庙外，地面上还有宋、金、元、明、清、民国等时代的墓碑和谒陵题记刻石等 4 000 余块，保存着宋、明、清各代石人、石马、石羊、石狮、望柱、供桌和神道坊等石仪近千件。为表彰儒家思想，满足祭祀需要，孔林还建有门、坊、享殿、碑亭等 60 余座明清建筑。孔林埋葬孔子直系子孙已至第 76 代，旁系子孙已至 78 代，从周至今，全无间断，延续时间之久，墓葬数量之多，保存之完好，作为一个家族墓地，在世界上是没有先例的。自汉代以后，历代统治者对孔林进行了多达 13 次的重修、增修，形成了现在占地 3 000 余亩、围墙长 5 600 多米的氏族墓园。从子贡为孔子庐墓植树起，孔林内现有上千类、10 万余株的古树名木争相斗艳，俨然一座天然植物园、自然博物馆。

孔林中万木掩映、碑石林立、石仪成群，有各种墓碑、题记 4 000 余块，其中不乏名人题记，另外还有 300 余座石仪、门坊，以“万古长春坊”“至圣林坊”和“于氏坊”等最为著名。

孔林中有 10 万余座坟冢，尤以孔子墓（见图 2—76）、孔鲤墓、孔令贻墓、孔尚任墓最为著名，其中孔子墓位于孔林偏南处，封土东西 30 米，南北 28 米，高 5 米，墓前有篆书“大成至圣文宣王墓”和“宣圣墓”的墓碑，碑前有石供案、下酒池和石砌拜台，以及砖砌花棂围墙等。

图 2—76　孔子墓

孔林对于研究我国古代政治、经济、文化、风俗、书法、艺术等都具有很高的价值，它是国家重点文物保护单位之一。

3．孔府

孔府又称“衍圣公府”，是世袭“衍圣公”的孔子嫡裔子孙居住的地方，是我国仅次于明、清皇帝宫室的最大府第。孔府始建于宋金时期（12—13 世纪），明洪武十年（1377 年）建府于今址，由历代帝王不断加封、修建，最终形成了官衙与内宅合一的典型建筑，被誉为“天下第一家”。孔府占地面积约 4.9 万平方米，有各类楼房厅堂共 480 余间。孔子嫡孙一向以“礼门义路家规矩”相标榜，恪守诗礼传家的祖训，建筑也受到儒家礼仪的制约，留下儒家宗法制度与伦理观念的烙印。孔府沿用中国传统的前堂后寝制度，前堂部分有官衙、东学、西学，供处理公务、会客之用，是对外活动的场所，后寝部分有内宅、花厅、一贯堂，是家族生活的场所。建筑群设计遵循礼教与宗法原则，把一系列使用功能不同的建筑物有次序地进行排列。建筑群中贯轴线，左右对称，成三路布局。中路为孔氏宗子衍圣公所居，东路一贯堂为次子所居。居中为尊，体现了宗子的尊贵地位，以及宗子与非宗子等级地位的差别。中路官衙、内宅界限分明，体现了男女授受不亲，内外有别。正房与厢房、中门与边门，体现了主人与下人的尊卑差别。建筑物的名字也打着儒家思想的印记，“一贯堂”“忠恕堂”和“安怀堂”等，既赞扬孔子的忠恕思想和使人安乐的政治理想，又显示孔子嫡孙努力仿效的决心。“东学”和“西学”既赞扬孔子创学设教的功绩，又表明孔子嫡孙继承诗礼传家、好学重教传统的态度。

内宅门是孔府的特色景观，是官衙与内宅的分界线，以前守备森严，任何人不得擅自入内，否则严惩不贷。内宅门的西侧有一个特制的水槽——石流，在封建社会，孔府的挑水夫不能直接进内宅送水，只能把挑来的水倒入石流，隔着墙流入内宅的水缸。内宅门的内壁上画有一形似麒麟的动物，是传说中的贪婪之兽，名叫“贪”，刻于此处，以示孔府清廉的家训。

大堂是衍圣公的公堂，内有八宝暖阁、虎皮大圈椅、红漆公案，公案上有公府大印、令旗令箭、惊堂木、文房四宝等。公堂两侧是仪仗，气氛森严可畏。七十二代衍圣公孔令贻的住宅和房内陈设保存完整。孔府内所藏历史文物十分丰富，其中最著名的是“商周十器”，亦称“十供”，原为宫廷所藏青铜礼器，清高宗于乾隆三十六年（1771年）赏赐给孔府。

孔庙、孔林、孔府建筑群凝聚了历代建筑的精华，极具建筑艺术之美。同时在建筑的布局、规划和装饰等方面，也反映出儒家思想的精髓。它们不仅是名闻天下、内涵丰富的文化遗产，同时还拥有大量有价值的自然遗产。“三孔”内生长的 17 000 余株古树名木不仅见证了“三孔”的发展历史，同时也是研究古代物候学、气候学和生态学的宝贵素材。

景点 2：青城山—都江堰旅游景区

一、青城山—都江堰概况

在四川西部的都江堰市有两个人类文明的奇迹，一个是道行天下的青城山（见图 2—77）拔地而起，一个是灌溉中国的都江堰（见图 2—78）雄踞江源。世界上名山大川有很多，但自然景观与人文历史相得益彰，既可以寄托心灵，又可以滋养生命的“桃花源”并不多，而青城山、都江堰就是一个。

图 2—77　青城山

图 2—78　都江堰

都江堰建于公元前 256 年左右，距今已有 2 200 多年的悠久历史，它不仅是中国水利工程的伟大奇迹，也是世界水利工程的璀璨明珠。青城山位于都江堰渠首工程南侧，从岸边迅速隆起，主峰海拔 2 434 米，是中国道教的圣地，它按照中华民族独特的文化形态进行创新，逐步发展壮大，具有突出的文化价值和前所未有的开创性。

青城山位于四川成都西北都江堰市境内，距成都 75 千米，山上林木茂盛，终年青翠，故名“青城山”。青城山以“青城天下幽”名扬四海，有日出、云海、圣灯三大自然奇观和洞天贡茶、白果炖鸡、青城泡菜、洞天乳酒四绝。青城山还是中国四大道教名山之一，被称为“第五洞天”，道教创始人张道陵曾在此修炼并羽化。从山门入口处的建福宫沿着被杜甫称为“丹梯”的石级向上攀登，道旁古树参天，浓荫蔽日，是“苔深不雨山常湿，林静无风暑自清”的避暑胜地。山上的常道观、天师洞、古银杏、掷笔槽、三皇殿、手诏碑、麻姑池等都有很多传说。青城山是我国著名的国家级风景名胜旅游地，杜甫、陆游、张大千、冯玉祥等仁人志士曾在此驻足流连。

青城山—都江堰旅游景区是首批国家 AAAAA 级旅游景区，2000 年，青城山—都江堰成功列入《世界遗产名录》，2006 年它又以“大熊猫栖息地生态走廊”的组成部分列入《世界遗产名录》。景区旅游资源类型丰富，著名景观众多，拥有世界级资源实体都江堰、青城山，是独具特色的中国水利文化和道教文化的展示与体验之地。

世界遗产委员会评价：青城山是中国道教的发源地之一，属于道教名山。建福宫始建于唐代，规模颇大。天然图画坊是清光绪年间建造的一座阁。天师洞中有“天师”张道陵及其三十代孙“虚靖天师”像。现存殿宇建于清末，规模宏伟，雕刻精细，并有不少珍贵文物和古树。

建于公元前 3 世纪，位于四川成都平原西部岷江上的都江堰，是中国战国时期秦国蜀郡太守李冰及其子率众修建的一座大型水利工程，是全世界迄今为止年代最久、唯一留存、以无坝引水为特征的宏大水利工程。2 200 多年来，都江堰至今仍发挥着巨大效益，不愧为文明世界的伟大杰作，造福人民的伟大水利工程。

二、青城山—都江堰景点

1. 青城山

青城山是我国道教发源地之一，属道教名山，青城道家气功闻名遐迩。全山的道教宫观以天师洞为核心，包括建福宫、天师洞、上清宫、祖师殿、圆明宫、老君阁、玉清宫、朝阳洞等 10 余座。

（1）建福宫

建福宫始建于唐代，现存建筑为清代光绪年间（1888 年）重建，因位于丈人峰下，故又名丈人观。建福宫现有大殿三重，分别奉祀道教名人和诸神，殿内柱上 394 字的对联，被赞为“青城一绝”。宫前有一条清溪，四周古木葱茏，环境幽美，左侧是明庆府王妃遗址。天然图画坊西距建福宫 1 000 米，是清光绪年间建造的一座十角重檐式的亭阁，这里苍岩壁立，云雾缭绕，绿树交映，游人至此，如置身画中，故名天然图画。

（2）天师洞

天师洞又称古常道观，在青城山腰第三混元顶崖间，是四川省著名宫观、全国道教重点宫观、青城山道教协会所在地。古常道观初名延庆观，隋大业年间（605—618 年）始建，唐改称常道观，宋改称昭庆观，或称黄帝祠。观后天师洞传为张道陵修炼处，洞中有“天师”张道陵及其三十代孙虚靖天师像。天师洞现存殿宇建于清末，规模宏伟，雕刻精致，主要建筑有山门、青龙殿、白虎殿、三清大殿、古贡帝祠、三皇殿、天师洞府等。三清殿为主殿，一楼一底，楼上为无极殿，楼下殿内有须弥座彩塑三清造像，殿正中悬挂康熙帝手书“丹台碧洞”匾额。三皇殿内供有伏羲、神农、轩辕三皇石刻造像各一尊，通高 90 厘米，唐开元十一年（723 年）刻。殿内现存历代石木碑刻中最著名的有唐玄宗书碑、岳飞手书的诸葛亮《出师表》等。

（3）上清宫

上清宫（见图 2—79）是道教宫观，也是青城山位置最高的道观，晋代始建，后废，唐玄宗时重建，五代王衍时再建，明末毁，现存观宇为清同治八年（1869 年）至民国时期陆续重建的。大殿祭祀三清，还有传为麻姑浴丹处的麻姑池、八卦鸳鸯井等遗迹。宫观左边的玉皇坪是前蜀王衍行宫所在地。上清宫上有“天下第五名山”和“青城第一峰”等摩崖石刻。青城山有日出、云海、圣灯三大自然奇观，其中圣灯（又称神灯）尤为奇特，上清宫是观赏圣灯的最佳地点。

图 2—79　上清宫

（4）祖师殿

祖师殿又名真武宫，创建于唐代。唐代杜光庭、薛昌和宋代张愈曾隐居于此。唐睿宗的女儿玉真公主也曾在此修道，以求成仙。因该殿位于常道观石后侧山腰间，环境更加幽静。殿内现存有真武祖师、吕洞宾、铁拐李等仙塑像及八仙图壁画、诗文刻石等。

（5）朝阳洞

位于主峰老霄顶岸脚的朝阳洞，深广数丈，可容百余人，传为宁街封丈人栖息处，因洞口正对太阳升起处而得名。清人黄云鹄曾在此结茅而居，并自撰联曰：天遥红日近，地仄绛宫宽。近代画家徐悲鸿游朝阳洞时也撰有一联：空洞亲迎光照耀，苍崖时有凤来仪。

这些建筑充分体现了道家追求自然的思想，一般采用按中轴线对称展开的传统手法，并依据地形地貌巧妙地构建各种建筑。建筑装饰上也反映了道教追求吉祥、长寿和升仙的思想。这些建筑对于深入研究中国古代的道教哲学思想，有着重要的历史和艺术价值。

2. 都江堰

都江堰水利工程位于青城山麓的岷江干流上，距成都 55 千米。秦昭襄王时（公元前 3 世纪中叶），蜀郡守李冰主持完成了这一伟大的水利工程。渠道的分水堤（鱼嘴）、引水口（宝瓶口）、泄洪堤（飞沙）设计之巧，至今仍令中外水利专家叹服。玉垒山、“离堆”“水则”、铁桩、“漏”等古迹，可让人大略了解古代水利工程的艰巨和古堰建成后所起的作用。都江堰使川西平原成为“水旱从人”的“天府之国”，是中华民族文明史上与长城比肩而立的伟大工程。

都江堰水利工程最主要的部位是都江堰渠首工程，这是都江堰灌溉系统中的关键设施。渠首主要由鱼嘴分水堤、宝瓶口引水工程和飞沙堰溢洪道三大工程组成。鱼嘴是在岷江江心修筑的分水堤坝，形似大鱼卧伏江中，它把岷江分为内江和外江，内江用于灌溉，外江用于排洪。飞沙堰是在分水堤坝中段修建的泄洪道，洪水期不仅可以泄洪水，还利用水漫过飞沙堰流入外江水流的旋涡作用，有效地减少泥沙在宝瓶口的淤积。宝瓶口是内江的进水口，形似瓶颈，它除了能引水，还有控制进水流量的作用。

此外，都江堰一带还有二王庙、伏龙观、安澜索桥等名胜古迹。

（1）二王庙

二王庙（见图 2—80）位于岷江右岸的山坡上，前临都江堰，原为纪念蜀王的望帝祠，齐建武年间（494—498 年）时改祀李冰父子，更名为“崇德祠”，宋代（960—1279 年）以后，李冰父子相继被皇帝敕封为王，故而后人称之为“二王庙”。庙内主殿分别供有李冰父子的塑像，并珍藏有治水名言、诗人碑刻等。李冰父子凿离堆、开堰建渠为天府之国带来的福泽一直为世人所崇敬、感激。二王庙从古至今不但香火鼎盛，而且在历史上一直都有官方和民间的祭奠活动和祭祀活动。每年农历六月二十四日和六月二十六日都要以李冰父子为主题人物举行庙会活动。

图 2—80　二王庙

（2）伏龙观

伏龙观位于离堆公园内，传说李冰治水时曾在这里降伏恶龙。伏龙观现存殿宇三重，前殿正中立有东汉时期（25—220 年）所雕的李冰石像。殿内还有东汉堰工石像，以及唐代金仙和玉真公主在青城山修道时的遗物——飞龙鼎。

（3）安澜索桥

安澜索桥又名“安澜桥”或“夫妻桥”，始建于宋代前。安澜索桥位于都江堰鱼嘴之上，被誉为“中国古代五大桥梁”，是都江堰最具特征的景观。安澜索桥以木排石墩承托，用粗竹缆横挂江面，上铺木板为桥面，两旁以竹索为栏，全长约 500 米。明末（17 世纪），安澜索桥毁于战火，现在的桥为钢索混凝土桩。

都江堰水利工程以独特的水利建筑艺术创造了与自然和谐共存的水利形式。它创造了成都平原的水环境，由此孕育了蜀文化繁荣发展的沃土。都江堰不但是世界上唯一具有2 000多年历史，且至今仍在发挥重要作用的古代水利工程，同时它还是集政治、宗教和建筑精华于一体的珍贵文化遗产。

思考与练习

实训练习一：请根据所学内容对中国人文旅游景点进行简单的分析评价。

实训练习二：小组合作，选择一个本章节景点，分工完成旅游线路设计、导游词写作、导游词讲解、游客扮演提问等工作场景的模拟练习。

第三章

chapter 3

境外著名旅游景点

我们的世界是文化多元的世界，很多国家或地区拥有各自不同的信仰、民俗、文化、语言，拥有不同的自然风貌和发展历史，形成了各自引以为傲、魅力独具的旅游景点。

学习目标

- 掌握本章所涉及的境外著名旅游景点的所在地、主要特点等知识点。
- 能运用所学习的知识点及观赏方法开展对境外著名旅游景点的审美活动。
- 能运用所学的知识和技能进行景点分析评价。

景点1：埃及金字塔

一、埃及金字塔概况

埃及是世界上历史最悠久的四大文明古国之一。金字塔是古埃及法老（国王）的陵墓，是古埃及文明的代表作，是埃及国家的象征，是埃及人民的骄傲。古埃及法老为了显示自己至高无上的王权，并幻想成为永恒的统治者，在生前就为自己建造陵墓。

相传，古埃及第三王朝之前，无论是王公大臣还是老百姓，死后都被葬入一种用泥砖建成的长方形坟墓里，古埃及人叫它“马斯塔巴”。后来，有个聪明的年轻人伊姆荷太普，在给埃及法老左塞王设计坟墓时，发明了一种新的建筑方法。他用从山上采下的方形石块来代替泥砖，并不断修改设计方案，最终建成一个六级的梯形金字塔。它是埃及历史上的第一座石质陵墓，是我们现在所看到的金字塔的雏形。这种梯形金字塔慢慢被称为“弯塔”的带斜角直线的金字塔所替代，最后发展成通常所见的锥形金字塔。金字塔是一种方锥形的建筑物，古埃及称它为“庇里穆斯”，意思是“高”。因其底座呈四方形，越向上越窄，直至塔顶，从四面看都像汉字的“金”字，所以中国历来把它称为“金字塔”。

左塞王之后的埃及法老们纷纷效仿，在生前就大肆为自己修建陵墓，从此在古埃及营造金字塔之风盛行。到第四王朝时，法老们更是不计代价地修建陵墓，出现了吉萨三大金字塔。第五王朝时，由于人民的激烈反对和法老财力的拮据，金字塔的规模明显缩小。第六王朝以后，由于一些省纷纷自立，中央集权有名无实，古王国分裂瓦解，兴建金字塔之风也由此衰退。到目前为止，埃及尚存金字塔近 80 座，大多集中在开罗西南的尼罗河西岸和古城孟菲斯一带。在众多金字塔中，最为著名的是吉萨大金字塔（见图 3—1），它位于开罗西南约 13 千米的吉萨地区。这组金字塔共有 3 座，分别为古埃及第四王朝的胡夫（第二代法老）、哈夫拉（第四代法老）和门卡乌拉（第六代法老）所建，其中以胡夫金字塔最为高大、雄伟，哈夫拉金字塔附属建筑较为完整壮观，门卡乌拉金字塔体积最小却十分精致。吉萨的这 3 座金字塔都曾被盗，墓中财宝已基本流失，但它们所体现的古代埃及人民炉火纯青的工程技术水平，每天都吸引着成千上万的各国游客。

图 3—1　吉萨大金字塔

二、埃及金字塔主要景点

1. 古城孟菲斯

古城孟菲斯位于尼罗河三角洲南端，在公元前3000年由法老美尼斯所建。上、下埃及首次统一后，孟菲斯就成了当时的都城，也是当时的行政、宗教和军事中心。在此后漫长的岁月中，孟菲斯曾几度兴衰，最后毁于公元7世纪。不断移动的流沙湮没了庙宇、墓葬和古城，现在的孟菲斯只是一个小镇，仅存拉美西斯二世时代的神庙遗迹、斯芬克斯、塞拉皮斯神庙和第二十六王朝的王宫遗迹等。

2. 胡夫金字塔

胡夫金字塔又称齐阿普斯金字塔，兴建于公元前2700年，是历史上最大的一座金字塔，被列为世界七大奇观之一。该塔原高146.59米，由于几千年的风雨侵蚀，现高138米。塔的底面呈四方形，原四周底边各长230米，现长220米。塔的四个斜面正对东、南、西、北四方，倾角为51° 52′。塔的四周原有一条长约1千米的石灰石道路，目前在塔的东、西两侧尚有遗迹可寻。整个金字塔建在一块巨大的凸形岩石上，占地约5.29万平方米，体积约260万立方米，是由约230万块巨石砌成的。外层石块（见图3—2）约11.5万块，平均每块重2.5吨，最大的一块约重16吨，全部石块总重量为684.8万吨。令人吃惊的是，这些石块之间没有任何黏合剂，而是一块石头直接叠在另一块石头上，完全是靠石头自身的重量堆砌在一起的，表面接缝处紧密得连一个薄刀片都插不进去。塔的设计十分精确，东南角和西北角的高度误差仅为1.27厘米，底面各边长度相差也不过20厘米，误差不到万分之九。

图3—2　金字塔的基石

塔内有胡夫的地下墓室，其入口位于塔的北壁距地面约13米高处。入口处四块巨大的石板构成“人”字形拱门，穿过100多米长的坡状隧道便可直达墓室。墓室长10.43米，宽5.21米，高5.82米，与地面的垂直距离为42.28米，平的顶盖用400吨重的大石板建造。墓室内仅有一具深褐色磨光的大理石石棺，棺内空空，棺盖去向不明。墓室上方有5层房间，最高的一层顶盖是三角形的，为的是把上面压下的重量均匀地分散在两边。同时，墓室还有砌筑在石块中的通风道。胡夫金字塔外形庄严、雄伟、朴素、稳重，与周围的高地、沙漠浑然一体，十分和谐。它的内部构造（见图3—3）复杂多变，匠心独具，自成风格，凝聚着非凡的智慧。胡夫金字塔历经近

5 000 年的沧桑，不倒塌，不变形，显示了古代埃及人不可思议的科技水平与精湛的建筑艺术。

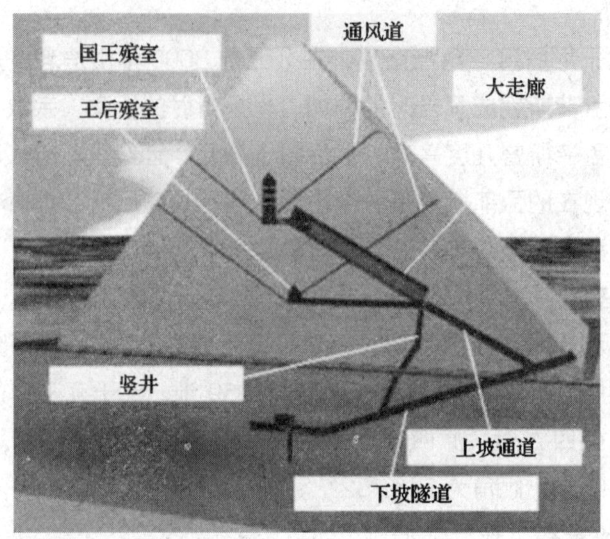

图 3—3　胡夫金字塔内部构造

3．太阳船博物馆

在胡夫金字塔南侧有一座别具一格的“太阳船博物馆”。1953 年在此地偶然发现了一个用石灰岩盖盖着的长 31 米、深 3.5 米的坑穴，从里面挖掘出许多拆散了的船的构件，复原后的船长 42 米、高 6 米，船体为枣核形，船头与船尾向上翘起，内有两个船舱，船的两舷各有 6 支船桨，每支长 6 米，整条船看起来十分壮观，如图 3—4 所示。据埃及考古学家研究，这艘船乃是胡夫的殡葬船，也就是传说中的太阳船。在古埃及，人们相信国王死后会变成太阳神，他的灵魂将乘船飞往太空。在把胡夫的棺椁从首都运到大金字塔安葬后，这艘船便被解体埋在金字塔旁，以使胡夫的灵魂乘之遨游太空，然后再回到人世。埃及政府为了保护这一古代珍品，特意在原地修建了由意大利人设计的太阳船博物馆。博物馆外形犹如一条石舫，馆内保留了原有的坑穴，并展出实物、图片等，1982 年正式对外开放。

图 3—4　太阳船

4．狮身人面像

哈夫拉金字塔位于胡夫金字塔西南面。塔的底面每边长 215.7 米，高 143.6 米，仅比胡夫金字塔低 3 米，是埃及第二大金字塔。虽然它比胡夫金字塔略小，但艺术风格与工程设计的精确性，则均可与之媲美。而且，由于哈夫拉金字塔建在一块较高的台地上，看上去似乎比胡夫金字塔还要雄伟。它所遗存的附属建筑较为完整壮观，包括以巨石建成的拥有许多殿堂的上庙和下庙。下庙的西北边有一个雕着哈夫拉的头部而配着狮子身体的大雕像，这就是狮身人面像（见图 3—5），它是世界上最古老的雕像之一。

图 3—5　狮身人面像

整个雕像除前伸达 15 米的狮爪是用大石块镶砌外，其余部分都是在一块含有贝壳之类杂质的巨石上雕成的。雕像面朝东方，高 20 米，长 73 米，面宽 5 米，鼻长 2 米，耳长 2 米。相传公元前 2610 年，哈夫拉到此巡视为自己建造的金字塔陵墓工程后仍不满意，为使自己的形象永远保存下来，想利用采石工地上一块巨大的岩石雕刻一尊像。这时，一位石匠投其所好，建议他把这块巨石雕成一头雄狮，而狮头换成他的头像，以象征法老的无比威严。哈夫拉听罢大喜，立即下令动工。由于狮身人面像状如古代埃及、希腊和中东地区神话传说中的人面怪物斯芬克斯，西方人因此称呼它为“斯芬克斯”。

狮身人面像原来头戴“奈姆斯”皇冠，额套“库伯拉”圣蛇浮雕，下颌长须下垂，脖围项圈。经过几千年风吹雨打和沙土掩埋，皇冠、项圈早已不见踪影，圣蛇浮雕于 1818 年被人从雕像下掘出，并献给了英国大英博物馆。狮身人面像的胡子脱落四分五裂，鼻部也已缺损了一大块（见图 3—6）。

在狮身人面像的胸前两爪之间残存着一块大理石制作的“记梦碑”。碑上记载着一个有趣的传说，大约公元前 1400 年的某天，埃及十八王朝年轻的托提莫斯王子来这里狩猎，在狮身人面像下歇息，不知不觉竟然睡去，朦胧之中梦见石像对他说：“我是伟大的太阳神，这些沙石憋得我透不过气来，假如你能为我去掉身上的沙石，你将会成为上下埃及之王。”王子醒后立即派人清理沙石，把狮身人面像从沙石中刨了出来，并且在它的周围筑起了防沙墙。后来，托提莫斯果然登上了王位，他立即命令再次重修石像，进行细部雕刻，表面用石灰浆保护，同时树立了这块石碑，记载了他遇神的故事，以此宣示他由神而来。

图 3—6　狮身人面像鼻部已残缺

历经 4 000 多年的狮身人面像已千疮百孔，颈部、胸部的腐蚀尤其厉害。尽管如此，狮身人面像这个不朽之作依然对世界各地的游客具有非凡的魅力。

景点 2：英国白金汉宫

一、英国白金汉宫概况

白金汉宫位于圣詹姆斯宫与维多利亚火车站之间，是英国王室权力的中心地和象征。白金汉宫是白金汉公爵于 1703 年所建，因此而得名，最早称白金汉屋，意思是“他人的家”，1761 年由英王乔治三世购得，作为王后的私人宫殿，称女王宫。1825 年，英王乔治四世聘请著名建筑师约翰・纳什对白金汉宫进行重建和扩建，作为王宫，并正式命名为白金汉宫。1837 年维多利亚女王即位后，王室由圣詹姆斯宫迁到白金汉宫，此时这里才正式成为王宫，之后白金汉宫一直是英国王室的府邸。1851 年白金汉宫进行扩建，在正面增加了一座建筑，原正面入口处的大理石拱门被迁移到海德公园。1863 年白金汉宫成为英国君主的寝宫，集办公与居家功能于一身。

白金汉宫是一座新古典主义风格的建筑物，正门悬挂着王室徽章，显得非常庄严。正面广场围以铸铁栅栏，作为皇家卫队换岗仪式的场所。宫殿前广场中心立有手持权杖、被塑造成天使形象的维多利亚女王雕像（见图 3—7）。宫殿正面入口面向东北方，通过林荫路与特拉法尔加广场（见图 3—8）相连。宫内有宴会厅、典礼厅、音乐厅、画廊、图书馆、皇家集邮室等 600 多个厅室，其中有 19 间正式的接待厅、52 间皇家和客人的住房、188 间职员住房、92 间办公室和 78 间浴室。宫内收藏了许多绘画和家具，还有一座御花园，是王室举行招待会的地方，也是接待外宾及为国家举行多项庆典仪式的地方。

图 3—7　维多利亚女王雕像

图 3—8　特拉法尔加广场

在第二次世界大战期间，白金汉宫遭到德国空军的轰炸。1992 年温莎城堡发生火灾，为了筹集温莎城堡的修复经费，伊丽莎白二世于 1993 年春宣布，白金汉宫于 8 月 7 日至 9 月 30 日正式对国内外游客开放，并作为惯例，此后每年 8—9 月都对外开放。但是，白金汉宫仅有三处地方可供游人参观，一是每天上午 11 时 30 分在王宫前举行的皇家卫队换岗仪式，二是王宫南侧的女王美术馆，三是皇家马厩，其他地方则不对外开放。

二、英国白金汉宫主要景点

1. 女王美术馆与皇家马厩

王宫南侧为女王美术馆（见图 3—9）。馆内有王室收藏的数百件艺术珍品，其中包括十几幅珍贵的达·芬奇作品，如《年轻男子的头像》《习作：马》和《肩的解剖结构》

图 3—9　女王美术馆

等，它们从 1690 年起就由英国王室收藏。馆内还专门陈列了英国历代王朝帝后的 100 多幅画像和半身雕塑像，其中以维多利亚女王的画像最多。

另外，皇家马厩中展示的各式马具、马车也都令人大开眼界。

2．皇家卫队换岗仪式

白金汉宫的皇家卫队也可谓是伦敦一景。卫队的官兵在每年 4—9 月，每天上午 11:30—12:00 举行换岗仪式（见图 3—10），其他月份每两天举行一次。届时，两支换岗的皇家卫队穿着红衣黑裤礼服，头戴高大的传统军帽，在两支乐队的引导下，在军乐和口令声中做各种列队表演。

图 3—10　皇家卫队换岗仪式

3．王宫禁地

白金汉宫是一座由四栋三层高的主体大楼组成的“口”字形建筑群，周围还有一些附属建筑，中间是一个长方形院子。主体宫殿朝向东方，面向正门的东楼长达 110 米。王宫西侧为宫内正殿，其中最大的“皇室舞厅”建于 1850 年，高 14 米、长 34 米、宽 18 米，专为维多利亚女王修建，厅内悬挂有巨型水晶吊灯，两旁是带有阶梯的软椅座位。现在这个大厅陈列着外国政要赠送给伊丽莎白二世的共计 85 件勋章，件件熠熠生辉。国宴厅由红色、金色和白色三色组成墙壁，带有英格兰玫瑰、苏格兰紫蓟花和威尔士黄水仙的国花交映成趣，镶缀在厅堂屋顶。珍贵发亮的红木桌上，摆放着多种精美银器，令人赞叹不已。宴会厅以壮观华丽的庭院作为官方正式接待的背景，主要占据着白金汉宫的西区。晚宴大厅也是 14 米高，1855 年被重新设计修缮，是维多利亚女王款待众多欧洲政要和特殊人物的场所。进口处是三扇主门，上方是设计师模仿希腊酒神、太阳神和水神雕刻的大理石雕像，还有维多利亚女王和阿尔伯特亲王的半身像。

君主接见室是专门为授勋和接见权贵要人而设计的。早年间，因维多利亚女王喜爱音乐和舞蹈，1861 年其丈夫阿尔伯特去世前，在这里举办了众多的音乐会和舞会。现在君主接见室主要是正式接待的场所，如女王 50 寿辰接受赠礼、1947 年伊丽莎白二世举行婚礼、查尔斯王子与戴安娜王妃结婚照相留念均在此进行。蓝色客厅被视为宫内最雅致的房间，摆放着拿破仑一世的“指挥桌”，这是拿破仑失败后，法国国王路易十八赠送给当时英国国王乔治四世的。白色客厅是用白、金两色装饰而成的，室内有精致的家具和豪华的地毯，大多是英、法工匠的艺术杰作。

御座室内挂着水晶吊灯，四周墙壁顶端绘有 15 世纪玫瑰战争的情景，正中的御座是伊丽莎白二世 1953 年加冕时和丈夫爱丁堡公爵使用的，室内还保存了维多利亚女王的加冕御座和英王乔治四世加冕时使用的四张大座椅。宫内音乐室的房顶呈圆形，用象牙和黄金装饰而成，维多利亚女王和阿尔伯特亲王曾常在此举办音乐晚会。白金汉宫收藏有乔治四世收集的 18 世纪法国的各式家具、做工考究的银器、玲珑精美的钟表和英式枝形吊灯等。皇宫花园占地约 18 万平方米，为乔治四世时期所设计。园内有湖泊、草地、小径，并有各种珍贵的花草树木。每年夏天，女王在园内举行花园招待会，邀请全国各界代表、知名人士及各国外交官参加。

景点 3：意大利威尼斯

一、威尼斯概况

威尼斯坐落于意大利东北部的亚得里亚海滨，四周被海洋环绕，只有西北部一条长堤与大陆相通，是世界知名的水上城市，素有“水上都市”之称。全城共由 118 个岛屿组成，并以 177 条宽窄各异的水道构成城市的“大街小巷”，401 座形态各异的桥梁纵横交错地将各岛连成一体。威尼斯也因桥多而被称为“桥城”。

威尼斯的历史起源于罗马帝国末年，当时由威尼托和伊斯特利亚两个地区组成的第十州为全帝国里最不安定的州之一。这个州的人民生活不太富裕，加上时有动乱，生活更加困苦。为了躲避战乱，人们陆续移居到威尼斯湾的亚得里亚海岛。810 年，帕尔泰齐帕齐奥与其同伴在里沃阿尔托岛上建立了威尼斯市。他们的子孙利用环境的优势获取利益，使得威尼斯日渐壮大，并且在中世纪成为地中海最繁荣的贸易中心之一。新航路开通后，因欧洲商业中心渐移至大西洋沿岸，威尼斯逐渐衰落。那时期的工业革命、政治革命、新的发明以及战争对威尼斯的影响很小，正因如此，威尼斯的许多古老遗迹得以保存。1866 年，威尼斯并入意大利王国。

威尼斯现有艺术、历史名胜 450 多处，其中有 120 座教堂、120 座钟楼、64 座修道院、40 多座宫殿，以及多座博物馆、剧院。威尼斯及其港湾凭借辉煌的历史与后哥特式和文艺复兴风格的建筑，在 1987 年被联合国教科文组织作为文化遗产列入《世界遗产名录》。水城威尼斯独特的自然与人文景观让人流连忘返，成为著名的旅游胜地。

二、威尼斯主要景点

1. 威尼斯大运河

大运河（见图 3—11）是威尼斯的交通要道，呈“S”形，全长 3 800 米，宽 30 ~ 60 米，与 177 条支流相通。河道两边散布着各式各样的古老建筑，既有洛可可式的宫殿，也有摩尔式的住宅，当然也少不了众多富丽堂皇的巴洛克和哥特式风格的教堂，这些教堂里面有许多文艺复兴时期艺术家留下的不朽壁画和油画作品。大运河上最有名的桥有三座，分别是通往研究院美术馆的研究院大桥、里亚尔托桥，以及靠近火车站终点站的斯卡路茨桥。两岸的繁华为威尼斯大运河赢得了“水上香榭丽舍”的美誉。

图 3—11　威尼斯大运河

2. 里亚尔托桥与叹息桥

威尼斯的桥梁造型千姿百态，风格各异，有的如游龙，有的似飞虹，有的像拱门，有的庄重，有的奇伟，有的小巧，有的古雅。因此，威尼斯也是一座桥梁的博物馆。其中位于市中心大运河上的里亚尔托桥（见图 3—12）在威尼斯 400 多座桥梁中独具一格，名气最响。它建于 1588—1591 年，是一座长 48 米、宽 22 米、高 7.9 米的大理石独孔拱桥，其造型优美，雕刻精细，桥上有宽敞的桥廊，桥廊的中间有一个高高隆起的亭子，两岸是威尼斯最具有代表性的古建筑群和各种小店铺。里亚尔托桥是威尼斯的城市象征，莎士比亚曾在《威尼斯商人》中提到此桥，因而来到威尼斯的游客必来争睹它的风采。除了里亚尔托桥，威尼斯还有一座世界闻名的“叹息桥”(见图 3—13)。叹息桥建于 1600 年，是一座几乎全封闭的拱廊桥。它是托卡雷王宫与监狱的一个连接通道，过去是死囚押赴刑场的必经之路，每当囚徒至此，见到桥下等候诀别的家人与亲友，总是哀叹不已，桥上桥下哭声、哀叹声连成一片，叹息桥因此得名。

图 3—12 里亚尔托桥

图 3—13 叹息桥

3．圣马可广场

位于威尼斯市中心的圣马可广场 (见图 3—14) 是威尼斯的中心广场，也是该市唯一的公共活动场所。自古以来，圣马可广场一直是威尼斯的政治、宗教和传统节日的公共活动中心。广场东西长 175 米，东边宽 79 米，西边宽 55 米，总面积约 1 万平方米，呈梯形。在 12 世纪时，圣马可广场还只是教堂前的一块空地，后来变成宗教和政治活动集会的场所，历经几个世纪的扩建，到文艺复兴时期才形成今天的规模。在广场入口处有两根高大的圆柱，东侧的圆柱上挺立着一头展翅欲飞的青铜狮，这就是威尼斯的城徽——飞狮。广场东侧耸立着圣马可钟楼（见图 3—15）和圣马可教堂，西侧是总督宫和圣马可图书馆。圣马可钟楼是广场最突出的标志，建于 15 世纪，高 98.6 米，共 9 层，用于鸣钟召唤教徒至教堂举行弥撒。钟楼顶上立着保护威尼斯的圣马可雕像。总督宫用粉红色和白色的大理石砌成，再配上生动逼真的石雕，使得整个建筑显得严整而华丽，极具和谐之美。总督宫是威尼斯国家元首的府第，也是大议会和政府的所在地。威尼斯长期是独立的水上共和国，政权由总督和议会共同掌握，总督是国家元首。1797 年拿破仑进占威尼斯后，赞叹圣马可广场是“世界上最美的广场”，因此曾下令把总督宫改为行宫，至今还有人把它叫作拿破仑宫。

图 3—14　圣马可广场

图 3—15　圣马可钟楼

4．圣马可大教堂

雄伟壮丽的圣马可大教堂（见图 3—16）建于 832 年，曾是中世纪欧洲最大的教堂，是威尼斯建筑艺术的经典之作。它原为一座典型的拜占庭式建筑，15 世纪加入了哥特式的装饰，17 世纪又加入了文艺复兴时期的装饰。由于威尼斯很早就和东方有接触，所以圣马可大教堂体现了东西合璧的建筑特色，它是东方拜占庭艺术、古罗马艺术、中世纪哥特式艺术和文艺复兴艺术等多种艺术式样的结合体，教堂的数字形设计法、拱门、圆形屋顶和内部装饰受到拜占庭式建筑风格的影响，而基本构造则受到罗马式建筑风格的影响。其外部 5 扇拱门上都有用马赛克画成的精美图画，正面屋顶饰有雕塑和哥特式尖塔。正门的拱门上层中央有四匹金色跃马铜像，这是 1204 年威尼斯人在第四次十字军东征时从君士坦丁的竞技场取回来的，它们曾被拿破仑搬到巴黎，后来又回到威尼斯，从那时直到现在，它们一直都在教堂上，象征着威尼斯的传统与权力。教堂正面上方的四个大弧形墙面里是 17 世纪马赛克图饰的耶稣传记，黄昏时分，金色光线射到教堂正面，与马赛克的各种色彩交相辉映，形成一道美丽的景色。教堂的内部建筑在一个高的平台上，显得更加神圣。教堂内部的地板是用大理石以马赛克拼饰方法镶制而成的，而圆柱是用完整的珍贵大理石雕成的，墙壁上也饰有彩色的大理石。教堂上半部墙壁上和圆形屋顶都镶有用黄金或玻璃制成的马赛克拼饰。这些拼饰与稍暗的教堂内部形成强烈的对比，使它们看起来更为闪亮，富有东方的神秘色彩。

图 3—16 圣马可大教堂

5．贡多拉

船是威尼斯的主要交通工具，也是威尼斯的一道独特的风景。其中，乌黑的贡多拉小船（见图 3—17）最具威尼斯特征。这种小型木船船体修长，两头尖翘，长 11 米，宽约 1 米，单桨划行。船内有舒适的座椅，除船夫外最多可乘坐 5 人。1562 年，威尼斯政府为了树立贡多拉的形象，下令将所有贡多拉都漆成了黑色。

图 3—17　贡多拉

6. 河岸建筑

乘船顺着大运河缓缓行进，会看到鳞次栉比的宫殿式建筑耸立于水面上。这些建筑很有特色，各种不同地域、不同文化的艺术风格在此得到了融合与发展。工匠们吸收古典的、哥特的、拜占庭的、阿拉伯的建筑风格，独创出许多格调清新、素雅别致的建筑作品（见图 3—18）。这些作品充分表现了威尼斯自由独立的精神与繁荣富庶的社会面貌。

图 3—18　河岸建筑

景点 4：巴黎塞纳河畔

一、巴黎塞纳河畔概况

位于法国北部的塞纳河，是法国四大河流中最负盛名的一条河流。它发源于东部海拔 471 米的朗格勒高原，从西向东北流经巴黎市区，在巴黎市区约长 13 千米。它穿过巴黎盆地，最后在勒阿弗尔港附近流入英吉利海峡，全长 776 千米。塞纳河流域面积为 7.8 万平方千米，有 540 千米可供通航，其货运量居法国之首。国际大都市巴黎因塞纳河而发展，被称为“塞纳河的女儿”。

公元前 300 年，巴黎还只是塞纳河中西岱岛上的一个高卢族巴黎部落聚居的小渔村。公元前 1 世纪，罗马人在此定居并逐渐将其发展为城市，3—4 世纪时命名为“巴黎”。486 年，法兰克王克罗维斯攻占了巴黎，508 年，巴黎成为法兰克王国的首都。从此，巴黎沿着塞纳河开始了惊人的发展。历代国王大兴土木建起了一座座教堂、博物馆、桥梁，并不断向外扩张蔓延，成就了今天的巴黎。从这个意义上讲，塞纳河是巴黎的发祥地，是巴黎的母亲河。

巴黎塞纳河沿岸的众多名胜古迹与塞纳河的秀丽风光，构成了温馨、祥和、丰富的人文景观。巴黎塞纳河沿岸的建筑有的已经历了几百年的风雨，有的是现代技术的杰作，它们体现了古往今来巴黎各个历史时期不同的建筑艺术与风格。塞纳河左岸有埃菲尔铁塔，河中西岱岛上有巴黎圣母院，西南部有凡尔赛宫，西北部蒙马特高地上有露天画廊，右岸主要有国际广场、巴士底广场、卢浮宫、协和广场、爱丽舍宫、戴高乐广场等名胜，这些都是世界上声名赫赫的建筑，为世界各国旅游者所向往。1991 年，联合国教科文组织将巴黎塞纳河畔作为文化遗产列入《世界遗产名录》。

白天乘船游览塞纳河（见图 3—19），四周风景如画，岸上的座座建筑色彩分明，卢浮宫、奥赛博物馆、巴黎圣母院、埃菲尔铁塔等名胜都可以一一尽收眼底，各具特色的桥梁也一座座迎面扑来，使人目不暇接。夜游塞纳河（见图 3—20），岸上灯光闪烁，熠熠如画；河中风清水澄，幽雅宁静。再配以强聚光灯，一束束白光放射出去，将两旁的景物照得通明，不但建筑物的外形清晰可见，连上面的装饰与雕塑也不会漏过，别有一番情趣。

二、巴黎塞纳河畔主要景点

1. 埃菲尔铁塔

埃菲尔铁塔（见图 3—21）是巴黎的标志之一，耸立在巴黎市区塞纳河畔的战神广场上，被法国人爱称为“铁娘子”。

图 3—19　白天的塞纳河

图 3—20　夜幕下的塞纳河

图 3—21　埃菲尔铁塔

1889 年，适逢法国大革命 100 周年纪念，法国政府决定隆重庆祝，在巴黎举行一次规模空前的世界博览会，以展示工业技术和文化方面的成就，并建造一座象征法国革命和巴黎的纪念碑。筹委会在 700 多件应征方案里选中了桥梁工程师居斯塔夫·埃菲尔的设计，一座象征机器文明，在巴黎任何角落都能望见的巨塔。

1887 年 1 月 28 日，埃菲尔铁塔正式开工，于 1889 年 3 月 31 日建成。埃菲尔铁塔的塔基占地约 1 万平方米，4 座塔墩均为水泥浇灌。埃菲尔铁塔采用交错式结构，由 4 条与地面成 75° 角的、粗大的、带有混凝土水泥台基的铁柱支撑着高耸入云的塔身。塔身全部为钢架镂空结构，总重 9 000 吨左右，共有 1.2 万个金属部件，施工时共钻孔 700 万个，用 250 万只铆钉连接起来，由于铁塔上的每个部件事先都严格编号，所以装配时没出一点差错，施工完全依照设计进行，中途没有进行任何改动，可见设计之合理，计算之精确。据统计，仅铁塔的设计草图就有 5 300 多张，其中包括 1 700 张全图。埃菲尔铁塔在设计、分解、生产零件、组装到修整过程中，不仅总结出一套科学、经济、有效的方法，而且同时也显示出法国人异想天开式的浪漫情趣、艺术品位、创新魄力和幽默感。

埃菲尔铁塔原高 300 米，后来铁塔上增设了广播和电视天线，它的总高已达 324 米。埃菲尔铁塔有三层平台可供游览，第一层高 57 米，第二层高 115 米，第三层高 274 米，每一层都设有酒吧和饭馆，供游客在此小憩，领略独具风采的巴黎市区全景。每逢晴空万里，这里可以看到 70 千米之内的景色。第四层平台高 300 米，设气象站，顶部架有天线，为巴黎电视中心。从塔座到塔顶共有 1 711 级阶梯，后来安装了玻璃外壳电梯，为该建筑特点之一。从 1925 年起，法国采用电灯装饰埃菲尔铁塔。从 1985 年圣诞节起，埃菲尔铁塔改用碘钨灯照明，夜晚塔身呈现金黄色（见图 3—22），既省电，又更加美观。

图 3—22 埃菲尔铁塔夜景

2. 巴黎圣母院

建在西岱岛上的巴黎圣母院（见图 3—23），是世界著名的天主教大教堂，也是巴黎最负盛名的古代胜迹之一。它是巴黎大主教莫里斯·德·苏利决定兴建的，始建于 1163 年，1345 年才全部建成，历时 180 多年。它以哥特式的建筑风格，祭坛、回廊、门窗等处的雕刻和绘画艺术，以及所藏的 13—17 世纪的大量艺术珍品而闻名于世，雨果的小说《巴黎圣母院》更增加了它的知名度。

图 3—23　巴黎圣母院正门

巴黎圣母院全部由石头砌成，是一座典型的哥特式教堂。它突破了传统教堂建筑外形的粗笨、呆板，以及内部昏暗、窄小的束缚，扩大了内部空间，增加了外观艺术装饰，开创了一代建筑新风。巴黎圣母院占地面积 5 500 平方米，两侧支撑物面积达 800 多平方米。圣母院正面庄严和谐，从上而下共分三层。最下面一层是并排的 3 个尖形拱门，门上刻有表现《圣经》故事的浮雕，自左向右依次为《圣母和圣婴的故事》《最后的审判》《圣母与圣安娜的生活》。这些享有盛誉的浮雕故事是专为当时那些不识字的信徒们雕刻的。在 3 个拱门上面是一长条壁龛，也称“国王长廊”，排列着分别代表以色列和犹太国历代国王的 28 尊雕像。中间一层是 3 扇窗子。两边的窗子分别雕有亚当、夏娃的塑像。中间是一扇圆形大花窗，称“玫瑰门”，直径约 10 米，由 37 块玻璃组成，是 700 年前的原物，窗的前面有圣母怀抱圣婴像。最上面一层是由许多美丽的白色雕花栏杆组成的一条走廊，连接南北两座各高 69 米的巨型钟楼。南钟楼上悬挂着一座重达 13 吨的巨钟，堪称“钟王”。在这座钟的铸料中加入了金银成分，这些金银是巴黎妇女们为了表达虔诚之心而奉献出的首饰。北钟楼则设有一个 387 级的楼梯用来直通钟楼后面高达 90 米的尖塔。尖塔巍峨入云，塔顶是一个细长的十字架，远望似与天穹相接。据说，耶稣受刑时所用的十字架及其冠冕就在十字架下面的球内封存着。这座尖塔虽比两座钟楼还高出 21 米，但从正面看，高低却好像一样，从中可见建筑师的独具匠心。整个建筑给人以庄严华丽、神秘莫测之感。巴黎圣母院内的大厅长 130 米，宽

48 米，高 35 米，包括一个唱诗班席和后堂，一个短的耳堂和中堂。中堂的侧面（见图 3—24）有双侧堂和方形的小礼拜堂，可容纳 9 000 人，其中 1 500 人可坐在讲台上。巴黎圣母院内部（见图 3—25）极为朴素，几乎没有什么装饰。大厅内的大管风琴非常有名，共有 6 000 根音管，音色浑厚响亮，特别适合演奏圣歌和悲壮的乐曲。几个世纪以来，巴黎圣母院一直是法国宗教、政治和民众生活重大事件和举行典礼仪式的重要场所，如宣读 1945 年第二次世界大战胜利的赞美诗，又如 1970 年法国总统戴高乐将军的葬礼等。巴黎圣母院虽然是一幢宗教建筑，但它闪烁着法国人民的智慧，反映了人们

图 3—24　巴黎圣母院侧面

图 3—25　巴黎圣母院内部

对美好生活的追求与向往。如今，巴黎圣母院是游人到巴黎必去的景点，其夜景如图3—26所示。

图3—26　巴黎圣母院夜景

3．卢浮宫

卢浮宫（见图3—27）是法国历史最悠久的王宫，也是世界上最古老、最大、最著名的博物馆之一。它始建于1190年，原为法国王室的城堡，后被作为国库及档案馆，1546年建筑师皮埃尔·莱斯柯在国王委托下对卢浮宫进行改建，从而使这座宫殿具有文艺复兴时期的风格。后又经历代王室多次扩建和法国大革命的动荡，到拿破仑三世时卢浮宫的整体建设才算完成。如今的卢浮宫占地约为45公顷，建筑物占地面积为4.8公顷。它的整体建筑呈“U”形，分为新老两部分，老的建于路易十四时期，新的建于拿破仑时代。宫前的金字塔形玻璃入口（见图3—28），是华人建筑大师贝聿铭设计的。

图3—27　卢浮宫

图 3—28　卢浮宫金字塔

卢浮宫是一个经常展出各种绘画和雕塑作品的场所。1793 年 8 月 10 日，卢浮宫艺术馆正式对外开放，成为一个博物馆。从那时起，这里的收藏不断增加，现如今卢浮宫收藏目录上记载的艺术品数量已达 40 多万件，分为许多门类品种。有从古代埃及、希腊、埃特鲁里亚、罗马的艺术品到东方各国的艺术品，有从中世纪到现代的雕塑作品，有数量惊人的王室珍玩和绘画精品，还有法国、意大利的远古遗物等，因此卢浮宫号称“万宝之宫”。法国人将这些艺术珍品根据其来源地和种类分别在六大展馆中展出，即东方艺术馆、古希腊及古罗马艺术馆、古埃及艺术馆、珍宝馆、绘画馆和雕塑馆，其中绘画馆展品最多，占地面积最大。

卢浮宫闻名天下，不仅仅在于它的展品异常丰富、弥足珍贵，更在于它本身便是一座杰出的建筑艺术品。卢浮宫自东向西横卧在塞纳河的右岸，两侧的长度均为 690 米，整个建筑壮丽雄伟。用来展示珍品的数百个宽敞的大厅富丽堂皇，大厅的四壁及顶部都有精美的壁画和精细的浮雕，处处都是呕心沥血的艺术结晶，让人叹为观止。

4. 凯旋门

凯旋门（见图 3—29）地处宽阔的戴高乐广场（星形广场），这里是香榭丽舍大街（见图 3—30）的尽头，宏伟、壮丽的凯旋门就耸立在广场中央的环岛上面。凯旋门始建于 1806 年，是拿破仑一世为纪念奥斯特利兹战役大捷而建的，于 1836 年 7 月 29 日正式竣工揭幕。它只有一个拱洞，门高 49.54 米，宽 44.82 米，厚 21 米。凯旋门的每一面上都有巨幅浮雕，其中最著名、最精美的一幅就是位于面向香榭丽舍大街一面右下侧的那幅浮雕，上面描绘了 1792 年义勇军出征的情景，这一浮雕取名《马赛曲》。拿破仑大捷的庆祝仪式场面则被刻在这幅浮雕上方的其他位置，在顶端的盾形饰物上刻有每场战役的名称。巴黎戴高乐广场的凯旋门是世界上最为壮观的凯旋门。它的总重量为 5 万吨，是埃菲尔铁塔的 7 倍，地基深 8 米，整体规模是罗马各座凯旋门的 20 倍。戴高乐广场周围有 12 条大街呈辐射状向四面八方展开。

图 3—29　凯旋门

图 3—30　香榭丽舍大街

5．协和广场

从凯旋门沿香榭丽舍大街向东就可到达协和广场（见图 3—31）。广场原名“路易十五广场”，建于 1757 年，由当时任职于路易十五宫廷的皇家建筑师雅克·昂日·卡布里耶设计建造。大革命时期被称为“革命广场”，1795 年改称“协和广场”。后经建筑师希托弗主持整修了 4 年，于 1840 年最后定型。广场呈八角形，各角上分别矗立着 8 尊雕像，它们分别代表了马赛、里昂、波尔多、南特、鲁昂、布雷斯特、里尔和斯特拉斯堡这 8 个 19 世纪法国最大的城市。广场中央矗立着 1831 年由埃及总督赠送给查理五世的有着 3 400 多年历史的埃及方尖碑。方尖碑高 23 米，重 230 吨，由一块完整的巨形玫瑰色花岗岩雕琢而成，上面刻满了赞颂埃及法老拉美西斯二世丰功伟绩的象形文字。方尖碑的底座基石上记载着将它运到这里并树立起来的艰难过程。广场上有两个场景宏大的喷泉（见图 3—32）。它们是罗马圣彼得广场喷泉的仿制品，北边是河神喷泉，南边是海神喷泉。此外，广场上还有花圃和阅兵台。历史上的协和广场充满了血腥，如今的协和广场是巴黎市民休息、游览的好地方。

图 3—31　协和广场

图 3—32　协和广场喷泉

协和广场北面是麦德林教堂，东北面是豪华歌剧院，东面是国家美术学院，南面是法国的议会礼堂，西面是以富丽、奢华而闻名的香榭丽舍大街。

6. 爱丽舍宫

与美国的白宫、英国的白金汉宫和俄罗斯的克里姆林宫齐名的爱丽舍宫（见图3—33）建于 1718 年，迄今已有近 300 年的历史。此处原为私人住宅，后来历经沧桑，几易其主，最终于 1873 年正式被法兰西第三共和国指定为法国总统府，是法国最高权力的象征。宫殿位于巴黎香榭丽舍大街的东端，面积 1.1 万平方米，背倚一个 2 万多平方米的恬静大花园。它的主楼是一座两层高的欧洲古典式大理石建筑，典雅庄重，两翼为对称的两座平台，中间是一个宽敞的矩形庭院。爱丽舍宫内部金碧辉煌，宫内共有 369 间大小不等的厅室，墙上悬挂着著名油画或精致挂毯，四周陈设着 17、18 世纪的镀金雕刻家具，厅内陈列着珍贵艺术品，以及金光闪烁的座钟和大吊灯，宛如一座博物馆。现在爱丽舍宫二楼是总统办公室和生活区，底层各客厅用作会议厅、会客厅或宴会厅，厅内陈设仍保持古时的模样。迎宾厅在主楼，中央是宫殿入口，总统在这里迎接各国贵宾。法国国家元首有时在节日厅东园举行盛宴欢迎外国贵宾，新的国家元首当选后，在节日厅举行就职仪式，每年接受外交使团的新年祝贺也在这里。从 1989 年开始，爱丽舍宫在每年 9 月份的法国古堡节期间向公众开放。

图 3—33　爱丽舍宫

7. 亚历山大三世桥

风光明媚的塞纳河将巴黎分成两半，南北之间只有靠桥梁沟通，有 35 座桥梁横跨塞纳河两岸，总长度近 5 千米。这些桥均有各自的发展史，桥的规模及建筑风格也大相径庭，许多桥的命名与历史上的重大事件有关，也有一些桥的名字取之于著名人物。其中最美的桥当属亚历山大三世桥（见图 3—34）。大桥将两岸的香榭丽舍大街与荣军院广场连接起来。它是俄国沙皇尼古拉二世作为法俄亲善的礼物送给法国的，并以尼古拉

图 3—34　亚历山大三世桥

二世的父亲亚历山大三世名字命名。大桥于1900年巴黎博览会前建成，全长107米，宽40米，是一座单拱铁桥。为了不影响两岸的视野，桥身建造得特别低矮。桥的两端各有一对立柱（见图3—35），柱上的青铜骑士雕像造型生动。桥身装饰以水生动植物和花环为主，小爱神路灯精致可爱。亚历山大三世桥与南岸的荣军院和北岸的大小皇宫，都集中体现了19世纪华丽的建筑风格。

图3—35　亚历山大三世桥立柱

景点5：德国莱茵河

一、莱茵河概况

莱茵河全长1 320千米，发源于瑞士境内的阿尔卑斯山北麓，向西北流经列支敦士登、奥地利、法国、德国和荷兰，最后在鹿特丹附近注入北海。

莱茵河清澈的河水，壮观秀丽的景色，众多的名胜古迹，让人流连忘返。古往今来，美丽的莱茵河使多少作家、诗人、音乐家和艺术家为之倾倒。

莱茵河从河源到瑞士的巴塞尔为上游。从发源地涓涓流出的河水，先向北流入博登湖，再向西流出后，由阿勒河汇入，流到瑞士西北边境城市巴塞尔。上游穿行于山地高原之间，地形崎岖，坡陡谷深，水流湍急，瀑布众多，河水主要靠山地冰川和积雪补给，春夏冰融雪化，水量增加，6—7 月水量达到最高峰。莱茵河奔腾的河水，蕴藏着丰富的水力资源，干支流上已建成许多水电站。莱茵河上游瑞士北部与德国交界的地方，有宽达 110 米的莱茵河瀑布。

莱茵河从巴塞尔到德国的波恩为中游。根据水文特点和流域状况，中游又可以分为上莱茵低地和莱茵峡谷两段。巴塞尔到德国的宾根，水流在宽广的阶状谷地穿行，河道弯曲，有内卡河和美因河等支流注入，是闻名的上莱茵低地。从宾根到波恩之间，两岸山峦重叠，河道曲折蜿蜒，河床狭窄，流速增加，左岸有摩泽尔河汇入，被称为莱茵峡谷。这里气候温和，土壤肥沃，农业发达，尤以葡萄种植业闻名，沿岸葡萄绵延 100 多千米，形成一个巨大的葡萄园，被称为德国的“葡萄之路”。中上游莱茵河河谷（见图 3—36）于 2002 年被列入《世界遗产名录》。

图 3—36　莱茵河河谷风光

莱茵河自波恩以下至入海口为下游。河水流经北德平原和比荷低地，地势低平，水流通畅，在荷兰境内形成广大的河口三角洲，并分成许多支汊注入北海。这里属温带海洋性气候，降水丰沛，季节分配比较均匀，因此，对莱茵河水量的补给也较均匀，水文状况稳定，水量常年丰富，为航运提供了有利的条件。

莱茵河自瑞士巴塞尔起，通航里程达 886 千米，是目前世界内河航运最发达的国际河流。莱茵河自古就是欧洲交通最繁忙的水上通道，是欧洲通航里程最长的一条黄金水道。两岸的许多支流，通过一系列运河与多瑙河、罗讷河等水系连接，构成了一个四通八达的水运网，莱茵河所流经的是欧洲的主要工业区，人口稠密。被称为“欧洲的引擎”和“德国的心脏”的现代化工业区——鲁尔区，就在它的支流鲁尔河和利珀河之间。

莱茵河流经德国的部分长 865 千米，流域面积占德国总面积的 40%，是德国的摇篮，被称为德国的父亲河。德国境内莱茵河沿途最美丽的风景要数中游的莱茵河谷一段，从德国的美因茨到科布伦茨间。为了保护自然风景和原貌，莱茵河河谷各段没有架设桥梁，往来两岸都靠轮渡。河谷两岸的山上植被非常好，除森林和草场外还有大片的葡萄园，这个地区是德国著名的葡萄酒产地。沿河两岸点缀着无数古城堡，小镇都很少有现代化建筑，很好地保留了大量传统德国半木结构的民用建筑。如今，这里是德国最负盛名的旅游胜地。

二、莱茵河沿岸主要景点

1. 鼠塔

在宾根城外莱茵河心的莱茵岛上有一座“鼠塔”（见图 3—37）。据说它是由罗马元帅德路威斯在公元前 8 年修建的关税塔。相传公元 10 世纪时，美茵茨主教哈托二世为人吝啬残暴，他不顾百姓的疾苦，把大量粮食藏在塔中。百姓忍无可忍，将他禁锢在塔中，主教最终成了成群老鼠的美餐。由此，“鼠塔”成了关税塔的别名并一直流传至今。今天“鼠塔”作为莱茵河上的信号塔引导着来往船只的航行。与塔隔河相望的是享有“红葡萄酒之乡”美誉的阿斯曼斯豪森市。尼德瓦尔德纪念碑高高耸立在尼德林山下，纪念碑高 35.5 米，是为纪念 1871 年德意志统一帝国而建造的。

2. 罗累莱神女峰

顺莱茵河而下，有个地势十分险恶的狭窄地段，右边有巨石赫然突起，直刺云天，这就是“罗累莱山崖”。崖高 132 米、宽 90 米，陡峭的岩壁像一个美丽的少女亭亭屹立于莱茵河的弯角处。每当河水水位下降时，人们还可以清楚地看到危险的“七少女”暗礁，传说它是由铁石心肠的美女变成的。这些奇特的暗礁在落日余晖的照耀下就像少女在梳妆打扮，姿态妩媚迷人。自古以来，这里暗礁林立、漩涡四起，给无数的船夫带来了灾难，并由此产生了船夫被妖女罗累莱（见图 3—38）的美姿及动人的歌声所迷惑而丧身河水的传说。这是莱茵河浪漫色彩的象征，每当游船在此经过，罗累莱之歌就会响起，美妙的歌声把人们带进了童话般的梦境之中。

图 3—37　鼠塔

图 3—38　罗累莱女神

3．马克思堡

雄伟庄严的马克思堡（见图 3—39）建于 14 世纪，是一座保存非常完整的中世纪风格的防御工事。建造者用堡垒、多个建筑、铁丝网和要塞在锥形的岩石上围绕着整个浪漫的城市布劳巴赫排成梯队，具有较高的欣赏价值。它的内部空间设计非常独特，城堡厨房、骑士大厅、壁炉、小教堂、军械库、酒窖、壁垒和塔楼使马克思堡成为当今最能令人感受到中世纪生活方式的一个旅游景点。

图 3—39　马克思堡

4．艾伦布莱特史坦要塞

艾伦布莱特史坦要塞（见图 3—40）建于 11 世纪，17—18 世纪时被改建为要塞。

普法战争期间，这座壁垒在法国部队的猛攻下曾坚守长达一年之久，但在包围中最终因为饥饿在 1799 年被迫投降。1817 年和 1828 年普鲁士重新将这座要塞建造成了欧洲最强大、最坚固的防卫设施，被称为“莱茵边的守卫”。现在人们可以步行或乘坐敞开式缆车到达艾伦布莱特史坦要塞。这里展示着从前在这里驻扎的士兵的生活状况，以及各个军事要塞的功能和作用。

图 3—40　艾伦布莱特史坦要塞

三、莱茵河沿岸主要城市

1. 吕德斯海姆

在莱茵河畔有一座历史名城吕德斯海姆（见图 3—41），这是一座古色古香的小城，它因拥有一条中古时代的德洛塞尔小巷（见图 3—42）而闻名。如今，这座小巷已成为旅游者必经之道。德洛塞尔小巷宽不足 5 米，路面是用石子铺成的，两旁排列着一座座黑色桁架小楼，楼层向街心突出，极险且极富建筑艺术美感。楼上楼下鲜花点缀，铺面精细而高雅。古老的建筑艺术、欢乐的节日气氛，无不令旅游者在此乐不思返。

图 3—41　吕德斯海姆

图 3—42　德洛塞尔小巷

2．美因茨

美因茨位于莱茵河与美因河的交汇处，至今已有 2 000 多年的历史。13 世纪时，美因茨的繁华程度达到顶峰，有“金色城市”的美名。第二次世界大战中老城几乎全部被毁，战后才得以重建，并成为新组成的莱因兰—法尔茨州首府。

美因茨是莱茵葡萄酒的故乡，有“葡萄酒城”之称。美因茨也是乘船游览莱茵河的出发点。美因茨狂欢节是与科隆狂欢节、杜塞尔多夫狂欢节并列的德国三大狂欢节之一。

美因茨著名景点有古腾贝格博物馆（见图 3—43）、美因茨大教堂（见图 3—44）、选帝侯宫、罗马—日耳曼博物馆、葡萄酒屋等。约翰内斯·古腾贝格（1397—1468 年）是近代铅活字印刷术的发明人。其发明虽比中国宋代的毕昇要晚许多，但却最先使用印

图 3—43　古腾贝格博物馆

图 3—44 美因茨大教堂

刷机，成为近代机械化印刷术的先驱。美因茨大教堂始建于公元 975 年，建筑风格是罗马式与哥特式相结合，与科隆大教堂、特里尔大教堂被公认是德国的三大教堂。选帝侯宫建于 17—18 世纪，是文艺复兴式建筑，其北翼用于庆典活动，东翼现在是罗马—日耳曼博物馆。罗马—日耳曼博物馆的展览主题是罗马时期和早期日耳曼的历史，展品中有挖掘出的古罗马帆船等。这里的葡萄酒价廉物美，每年 10—11 月，在葡萄酒屋还能喝到没有经过过滤的原味葡萄酒。

3. 科布伦茨

科布伦茨（见图 3—45）位于摩泽尔河与莱茵河交汇处的世界闻名的“德国之角”，建于 2 000 多年前，公元六世纪曾为法兰克王室的驻地，早期即以商业著称，如今是中莱茵河地区商业（特别是葡萄酒）中心和旅游胜地。科布伦茨主要的古建筑集中在老城（见图 3—46），在第二次世界大战中曾遭严重破坏，战后进行了恢复，其中有许多现代建筑。丰富的文化、高超的烹饪技术、莱茵人的热情和摩泽尔河出产的精华葡萄酒展示了这座城市的独特魅力。

图 3—45 科布伦茨

图 3—46　科布伦茨老城

4．宾根

宾根（见图 3—47）是莱茵河中上游河谷的一个时尚的城市，位于德国著名的葡萄种植区——黑森州，人们可以在此品尝到美味的葡萄酒。宾根每年都举办一些节日，如香槟酒节、“充满魅力的夜晚”“宾根的大型爵士音乐晚会”，以及大型焰火晚会“火焰中的莱茵河”和“宾根的葡萄节”。这里的圣马丁教堂、欧舒斯小教堂、德伍士大桥、莱茵老吊车都是值得一看的旅游景点。

图 3—47　宾根

5．波恩

德国历史古城波恩是莱茵河中游与下游的分界点，北邻科隆市。莱茵河自南而北纵贯其间，把波恩一分为二，西岸面积占 3/4，三座大桥又将城市两部分连接起来。北部是波恩老城，它又分为新老城和旧老城（见图 3—48）。新老城又称新城，是居民区；旧老城称为内城，是繁华的商业区，还有许多名胜古迹。波恩扼莱茵河上游山地和下

图 3—48　残存的波恩城墙城门

游平原的咽喉，地理位置重要，历史上为战略要地：公元 1 世纪时为古罗马要塞，13 至 18 世纪曾是科隆选侯国的都城，1949 年 9 月成为联邦德国临时首都，1957—1991 年为正式首都，现为德国政府所在地（正式首都改在柏林）。在漫长的历史岁月里，波恩这座城市几经风霜，市内的一些古老建筑曾经多次毁于战火，每次都被重新修建。波恩市政厅（见图 3—49）是一座巴洛克式建筑，建于 700 年以前，墙上浮雕金光闪耀，楼面古朴大方，曾经两次遭到战争严重破坏，每次战后都及时进行修复。波恩是欧洲一座著名的文化城市，建于 1786 年的波恩大学，校舍主楼是普鲁士时期的宫殿式建筑，师资力量雄厚，教学设备齐全，马克思和著名诗人海涅都曾在这里学习过。坐落在市中心的大教堂（见图 3—50），建于 1050 年前后，顶端为 96 米高的方形塔，被视为波恩的象征。坐落在哥德斯山顶的哥德斯堡，是欧洲著名的古建筑。波恩城市建设中的一个突出特点是，许多古老建筑在重新修缮后成为博物馆和文化机构，从而得到充分利用。音乐家贝多芬 1770 年诞生于波恩市中心的一幢房子里，并在这幢房子里生活了 22 年，1889 年他的故居（见图 3—51）被辟为博物馆，馆内陈列着贝多芬当年的手稿、文献及乐器等。

波恩是欧洲绿化最好的城市之一，冬季芳草不衰，春季姹紫嫣红，被誉为“绿色的城市”。波恩市最大的莱茵滨草公园，位于莱茵河畔阿登纳大桥旁，占地面积 160 万平方米，几乎相当于波恩老城繁华闹市区的面积。波恩市区延伸在莱茵河谷地段，莱茵河东西两侧绵延起伏的丘陵地区被大面积森林所覆盖，同住宅区相连的地方也是遍植树木和草坪，整个市区的空气显得特别清新。莱茵河西岸长达 20 多千米的林荫小道是波恩最长的步行区。

图 3—49　波恩老市政厅和集市广场

图 3—50　波恩大教堂

图 3—51　贝多芬旧居

6．科隆

位于莱茵河畔的科隆市是德国的第四大城市，仅次于柏林、汉堡和慕尼黑。它是一座古老而美丽的城市，也是一座现代化气息极强的大都市。城市中高楼大厦鳞次栉比，商店比比皆是，各种商品琳琅满目，是一个繁华的商业城市。公元前 38 年，科隆建为古罗马要塞，曾是汉萨同盟主要成员，因位居欧洲东西和南北交通要冲，中世纪时经济已颇发达。19 世纪中叶后，随鲁尔煤田开发和铁路修筑，科隆发展更加迅速。第二次世界大战时，科隆虽遭严重破坏，但仍有许多古迹，如著名的科隆大教堂、罗马时代地下广场等。科隆是一个以罗马式教堂和哥特式大教堂闻名于世的城市。屹立在莱茵河边的科隆大教堂（见图 3—52）高 157.31 米，它有两座哥特式尖塔，北塔高 157.38 米，南塔高 157.31 米。科隆大教堂是世界上目前最高的双塔教堂，它已成为科隆市的象征和旅游者向往的名胜。站在高高的塔顶极目远望，莱茵河犹如一条白色的缎带从旁飘过。科隆大教堂的正式名字叫圣・彼德大教堂，始建于 1248 年，直到 1880 年才最后竣工。科隆大教堂包括五个殿堂和一个绕圣坛而建的带有三个偏堂的回廊。圣坛还保持着初建时的模样，这个圣坛是中世纪德国教堂中最大的圣坛，圣坛上的十字架也是欧洲大型雕塑中最古老、最著名的珍品。圣坛的两侧还排列着有 104 个座位的椅子。在科隆，这座巨石建筑物不仅是人们参观游览的必去之地，同时它也是人们歇息、游玩的地方。教堂内静谧、幽暗的气氛同教堂外五彩缤纷、人声鼎沸的环境形成了鲜明的对比。教堂前的广场还是人们举行各种庆祝活动的场所，每年的 5—9 月，每逢周末人们都要在此举行民俗庆典活动，场面十分热闹。

图 3—52　科隆大教堂

景点 6：美国夏威夷

一、夏威夷概况

夏威夷（见图 3—53）是太平洋上的一颗明珠。它东距美国旧金山 3 846 千米，西距日本东京 6 200 千米，距香港 8 890 千米，是太平洋地区海空运输的枢纽。

4 世纪前后，一批波利尼西亚人乘独木舟破浪而至，在此定居，为这片岛屿起名“夏威夷”，意为“原始之家”。最早发现该群岛的欧洲人是西班牙的胡安·盖塔诺，而真正使夏威夷为世人所知的是英国航海家库克船长。他于 1778 年登上夏威夷群岛。1795 年，卡米哈米哈酋长征服了其他部落，1810 年建立了夏威夷王国，1893 年王国被推翻，次年建立共和国。1898 年美西战争时，美国从西班牙手中夺取了夏威夷，1900 年宣布夏威夷为美国领土，1959 年成为美国第 50 个州——夏威夷州。夏威夷州由夏威夷群岛组成，总面积 1.67 万平方千米，首府是最大的城市火奴鲁鲁（檀香山）。

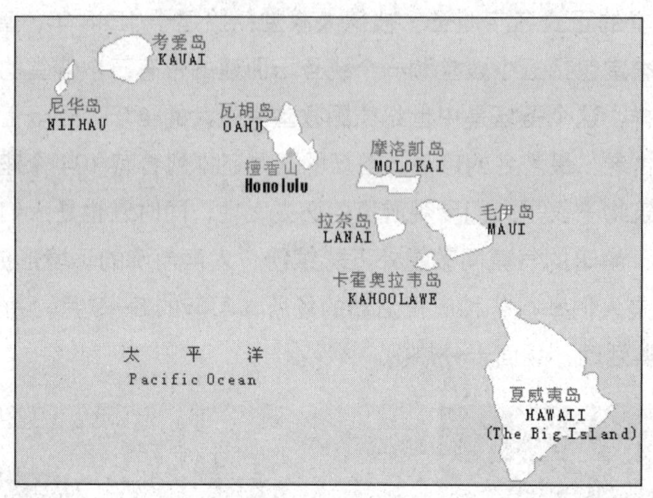

图 3—53　夏威夷各岛图

夏威夷群岛是由夏威夷岛、毛伊岛、卡霍奥拉韦岛、拉奈岛、摩洛凯岛、瓦胡岛、考爱岛、尼华岛等 8 个大岛和 124 个小岛组成的新月形岛链，弯弯地镶嵌在太平洋中部水域，所以有“太平洋十字路口”和“美国通往亚太的门户”之称，它的陆地面积为 16 641 平方千米。夏威夷岛是面积最大的岛屿，又称大岛，华人又称其为火山岛，位于岛链最南端，由 5 座火山组成，岛上设有火山国家公园。其中，基拉韦厄火山为世界活火山之最，冒纳罗亚火山每隔若干年就喷发一次，炽烈的熔岩从山隙中缓缓流出，成为夏威夷的一大奇观。瓦胡岛是第三大岛，也是夏威夷政治、文化中心——首府檀香山所在地，全州 80% 的人居住在该岛上。夏威夷的闻名之地有檀香山、威基基海滩和珍珠港。

二、夏威夷特色

1．夏威夷衫

夏威夷人无论场合时间，一套以夏威夷布裁制的夏威夷衫通行各处。夏威夷衫剪裁极简，色彩却鲜艳浓郁，配合着夏威夷亮丽热烈的海岛风光，显得舒适应景。男人穿的叫阿罗哈衫，女性的花衫有长短之分，白天穿的略短，叫“慕”（mu），晚上穿的长衫叫“慕慕”（mumu）。

2．草裙舞

说起夏威夷，人们就会想起草裙舞。传说中第一个跳草裙舞的是舞神拉卡，她跳起草裙舞招待她的火神姐姐佩莱，佩莱非常喜欢这个舞蹈，就用火焰点亮了整个天空。自此，草裙舞就成为向神表达敬意的宗教舞蹈。现在，它已经变成用尤克里里琴伴奏的娱乐性舞蹈，观赏草裙舞成了旅游者游览夏威夷的保留节目。

草裙舞是一种全身运动的舞蹈，尤其是手部动作含义深刻，通过不同的手势表现出人们对各种美好事物的希冀，如祈求丰收、渴望和平等。

3．阿罗哈

夏威夷人淳朴好客。当观光轮船接近夏威夷外海时，热情如火的夏威夷女郎，就会驾着小舟靠近轮船，把一串串五颜六色的花环送给旅游者，且高喊着欢迎口号“阿罗哈”。阿罗哈是夏威夷土语，意为“欢迎”“你好”等，表示友好和祝福，每个来到夏威夷的人都要学会这句话。

4．卢奥

“卢奥”的意思是夏威夷式宴会，也是一个盛大的波利尼西亚节日聚会，可以在一年中的任何一天举行。

每次卢奥上都有一些只属于波利尼西亚的美味佳肴，主菜总是一只卡卢阿烤猪。做这样一只烤猪得费好几道工序，先在地上挖一个洞，周围用岩石围起来，用牧豆树做柴火。等岩石烧热的时候，用巨朱蕉和香蕉的树叶裹好整只猪，再放进特制的罐里，烤上 4 至 8 小时才可以拿出来食用，开罐的时候也表示宴会正式开始了。与烤猪一起食用的菜肴一般是香蕉、菠萝、甜薯、椰汁布丁，也有鸡肉、牛肉和鱼，还有各种各样的热带水果汁。在进行过波利尼西亚歌舞表演之后，宴会才算结束。不同的宴会有不同的节目，但男女一起跳草裙舞是必不可少的。

三、夏威夷主要景点

1．夏威夷火山国家公园

夏威夷火山国家公园（见图 3—54）位于美国夏威夷州的夏威夷岛上，面积 929 平方千米，建于 1961 年。这里有茂密的热带雨林，还有蝙蝠、夏威夷雁、鹰、乌鸦等动物。基拉韦厄和冒纳罗亚两座现代活火山是这个公园的主要组成部分，也是夏威夷火山国家公园闻名遐迩的显著标志。

冒纳罗亚火山是夏威夷第一大火山，海拔 4 170 米，呈圆锥形，是从水深 6 000 米的太平洋底部耸立起来的，从海底到山顶高度超过 1 万米，比珠穆朗玛峰还高 1 000 多米。在过去的 200 年里，冒纳罗亚火山约喷发过 35 次，至今山顶上还留有火山口（见图 3—55）。火山喷发时，大量熔岩不断地倾泻下来，使山体日益增大。

图 3—54　夏威夷火山国家公园

图 3—55　冒纳罗亚火山

基拉韦厄火山坐落在冒纳罗亚火山的东南侧，海拔 1 243 米，为岛上第二大火山。山顶有一个巨大的破火山口，直径 4 027 米，深 130 余米，其中包含许多火山口。在破火山口的西南角有个翻腾着炽热熔岩的火山口，直径约 1 000 米，深约 400 米。其中的熔岩有时向上喷射，形如喷泉，有时溢出火山口外，形如瀑布。当地土著人称它为“哈里摩摩”，意为“永恒火焰之家”。这里曾长期存在着一个世界上最大的岩浆湖，面积广达 10 万平方米，通红炽热的岩浆一般有十几米深，在湖中翻滚，仿佛一炉沸腾的钢水。湖面上还不时出现高达几米的岩浆喷泉，喷溅着五彩缤纷的火花。这种种惊心动魄的景象，称得上是大自然中的奇观。基拉韦厄火山的活动极为频繁，曾经有过 30 年喷发 50 次的纪录。从 1983 年初到 1984 年 4 月一年左右的时间里居然喷发了 17 次，其活动频繁程度在世界上实属罕见。

夏威夷火山国家公园以良好的设施每年接待约 200 万名游客。宽敞的游览中心常举办展览会、放映电影，并有大量的文件资料，还提供专题导游项目。沥青铺就的公路网使旅游者可以环绕基拉韦厄火山的边缘游览，或是一直走到海边。缤纷的景致让人惊叹，步行小路更是四通八达。当夕阳西下，沿途可看到喷吐着烟雾的银灰色火山口，一堆堆橙色的硫黄，富含矿物质的沙漠，茂密的森林，高耸的蕨类植物同深色的树叶交织在一起。

2. 珍珠港

珍珠港（见图 3—56）是瓦胡岛（见图 3—57）上的一个海港，位于檀香山以西 10 千米的地方，面积 89 平方千米。它是一座被陆地环抱的天然良港，南端是只有 4 千米宽的瓶形入口，里面是开阔的深水港湾，湾内水深 10 ～ 20 米，通航水域面积 26 平方千米。港区掩蔽条件好，水域回旋余地大，为世界著名天然良港，因水域内曾盛产珍珠而得名。1941 年 12 月 7 日珍珠港曾遭日军突袭轰炸，造成重大伤亡，史称“珍珠港事件”或“偷袭珍珠港”，此事件直接导致美国对日宣战，正式加入第二次世界大战中太平洋战场部分的战事。第二次世界大战后，珍珠港进行了重点改建和扩建，港区多深水码头，可停泊巨型舰只；附近的海军造船厂建有大型干船坞，可制造和修理各类军舰。

现在，珍珠港仍然是美国海军的一个重要基地，同时，珍珠港的部分区域也对游人开放，人们可以看到当年被击沉的 3 万吨级的战舰——亚利桑那号和在它旁边用白色花岗岩建造的亚利桑那号纪念馆。登上接送游客来往的游船，人们可以近距离欣赏这个著名的港口。

图 3—56 俯瞰珍珠港

图 3—57　瓦胡岛

3．威基基海滩

威基基海滩（见图 3—58）是多数旅游者心目中最典型的夏威夷海滩。海滩区东起钻石头山下的卡皮欧尼拉公园，西至阿拉威游艇码头，长达 1.6 千米，每日到这里的游客多达 25 000 人。

图 3—58　威基基海滩

威基基海滩的精华部分是从丽晶饭店到亚斯顿威基基海滨饭店之间的一段。这里有细致洁白的沙滩、摇曳多姿的椰子树和林立的高楼大厦，总长度约三四百米。这一段海水宁静开阔，是一家老小假日休闲的理想地点。

从海边往内陆延伸，可以看到更广义的“威基基”，这里有很多商店、饭店、购物中心。在卡拉卡瓦大道（又称海滨大道）上有威基基海滩最豪华的酒店和商店，街道两旁是疏密有致的椰子树，景致十分迷人。

4. 毛伊岛

毛伊岛位于夏威夷群岛的中部，是夏威夷群岛中的第二大岛，在夏威夷岛西北41千米处，面积1 886平方千米，海岸线总长达193千米。岛上的哈雷阿卡拉火山海拔3 063米，最后一次活动在1750年。火山顶庞大的休眠火山口是一个彩虹色的锅穴，由于视错觉似乎每分钟都在改变颜色，现已成为哈雷阿卡拉国家公园中的一部分。

毛伊岛以秀丽的山谷著称。岛上最著名的旅游胜地是“太阳之屋”和16世纪捕鲸时期形成的城市“捕鲸镇”。“太阳之屋”海拔1万英尺以上，成群的火山口交汇一处，旅游者可以租车沿公路开到顶上，在那里会感到自己好像已经离开了地球，站到了月球上一样。“捕鲸镇”则完整地保存了16世纪的风貌，古风依然，捕鲸的工具和船只也轻靠在海岸，世界上最大的榕树也在那里。整个“捕鲸镇”现已被列为国家公园。

在夏威夷的所有岛屿之中，毛伊岛是最常发现鲸踪迹的地方。每年的12月至来年4月是当地的旅游旺季，也是最佳的赏鲸季节。在毛伊岛赏鲸，成功概率相当高，有时候甚至不需出海，只要顺着沿海公路开车，就有机会望见鲸鱼群远远地在海面上现身。当然，如果真想近距离接触它们，还是得搭乘赏鲸船出海才行。

景点7：加拿大尼亚加拉瀑布

一、尼亚加拉瀑布概况

举世闻名的尼亚加拉瀑布（见图3—59）是尼亚加拉河跌入河谷断层的产物，位于加拿大和美国交界处的尼亚加拉河中段，以水源丰富、水流流势凶猛、气势磅礴而著称于世。瀑布流面宽达1 000多米，年平均流量约为6 000立方米每秒，与南美的伊瓜苏瀑布及非洲的维多利亚瀑布合称世界三大瀑布，被誉为世界七大奇景之一。“尼亚加拉”在印第安语中意为“雷神之水”，印第安人认为瀑布的轰鸣是雷神说话的声音。

图3—59　尼亚加拉瀑布风光

尼亚加拉河横跨美国纽约州与加拿大安大略省的边界，是连接伊利湖和安大略湖的一条蜿蜒曲折的水道，南起美国纽约州的布法多，北至加拿大安大略省的杨格镇，全长仅 54 千米，海拔却从 174 米直降至 75 米。上游河段河面宽 2 ~ 3 千米，水面落差仅 15 米，水流也较缓。从距伊利湖北岸 32 千米起河道变窄，水流加速，在一个 90° 急转弯处，河道上横亘了一道石灰岩构成的断崖，水量丰富的尼亚加拉河经此，骤然跌落，因而水势澎湃，声震如雷，形成了尼亚加拉瀑布。瀑布以河床绝壁上的山羊岛为界，分属于加拿大瀑布与美国瀑布两部分，其中尤以加拿大瀑布更为雄伟壮观。尼亚加拉瀑布的水流冲下悬崖至下游重新汇合之后，在峡谷里继续翻滚腾跃，在不足 2 千米长的河段上急速跌宕而下，又冲进 38 米深的旋涡潭，然后一个蛟龙翻身，经过左岸加拿大的昆斯顿、右岸美国的利维斯顿，冲过“魔鬼洞急流”，沿着最后的利维斯顿支流峡谷由西向东进入安大略湖。

二、尼亚加拉瀑布主要景点

1. 加拿大瀑布

加拿大瀑布（见图 3—60）在加拿大安大略省境内，高达 56 米，岸长约 675 米，外貌呈半圆形，好像一块马蹄铁，因此又称为马蹄瀑布。全世界大瀑布中只有加拿大瀑布属于凹面式瀑布，显得弥足珍贵，曲线形的悬崖和凹面的水幕给游客增添了无比的乐趣。加拿大瀑布的水流量占到尼亚加拉瀑布水流量的 94%，加拿大瀑布丰沛的水量从 50 多米的高处直冲而下，水冲到河里呈青色，发出震耳欲聋的轰鸣，气势有如雷霆万钧。瀑布溅起的浪花，有时高达 100 多米。人稍微站得近些，便会被浪花溅得全身是水，若有大风吹过，水花可及很远，如同下雨。当阳光灿烂时，产生折射效果，便会营造出一座甚至好几座七色的彩虹，见过大瀑布彩虹的人都会被它的魅力所折服。冬天时，瀑布表面会结一层薄薄的冰，那时，瀑布便会寂静下来。

图 3—60　加拿大瀑布风光

2. 美国瀑布

美国瀑布（见图 3—61）在美国纽约州境内，高 50 余米，瀑布岸长约 400 米。确切地说，美国瀑布可以分为两个瀑布，岩壁上一块凸起的叫“月亮岛”的岩石将美国瀑布一分为二，水流较大的瀑布仍叫“美国瀑布”，岸长 305 米，水流较小的瀑布叫“婚纱瀑布”，岸长 80 米。

“美国瀑布”最让人着迷的是激流冲击瀑布下的岩石时的情景。瀑布下的岩石层层堆叠，犬牙交错，高高的激流冲下来，冲进岩石的缝隙，又纷纷从各条缝隙中窜涌出来，复跌到下层的岩石里去，再从更下层的岩石间喷发而出，纵身一跃，融进滚滚东去的水流。

“婚纱瀑布”因其水流较小，飞落时化成水雾，如同一位戴着面纱的新娘，故称为“婚纱瀑布”。由于湖底是凹凸不平的岩石，水量又不大，因此水流呈旋涡状落下，跌到无数块硕大的岩石上，卷起千堆雪。它潺潺的流水、银花飞溅的迷人景色使其与一旁的大瀑布相比，显得别具一格，另有一番风韵和情趣。它似一片月光，柔和地洒在绝壁之上，令游客沉醉其间。因此，这里成为情侣幽会和新婚夫妇度蜜月的胜地。

图 3—61　美国瀑布风光

3．山羊岛和鲁纳岛

山羊岛和鲁纳岛像两尊中流砥柱将尼亚加拉瀑布一分为三，岛上绿树成荫，景致幽雅。传说山羊岛曾被印第安人视为圣地，他们将已故首领安葬在岛上，以求升入天堂，称其为“快活岛”。后来，欧洲殖民者入侵这里，“快活岛”也难逃厄运，墓地被盗掘一空，印第安人惨遭杀戮，只有一群山羊留在岛上。严冬到来时，大群山羊被冻死，唯有一只公羊活到了第二年春天，因此这个岛屿的名字就改成了“山羊岛”。如今，山羊岛已经辟为公园。

鲁纳岛也叫“月亮岛”，据说从前，在满月之夜，水雾中会出现月光彩虹，因而得名。鲁纳岛存在岩石松落的问题，曾经几次加固，否则婚纱瀑布与美国瀑布早就合二为一了。岛上有一个竖井，可以让游客下到瀑布底下仰望。

4．彩虹桥

彩虹桥（见图 3—62）是欣赏尼亚加拉大瀑布正面全景最理想的地方。因瀑布跨越加拿大与美国两国，在尼亚加拉河上筑有一座边境桥，被称为彩虹桥，由美加两国共同分享。桥上也根据河内边界而划分，一端属于加拿大，一端属美国，在桥上步行5分钟，便可从美国走到加拿大。

图3—62　彩虹桥风光

5．花钟

尼亚加拉瀑布的水量充沛，冲击力强，安大略省政府在此设立了一个大型的水力发电站。距离发电站不远处的斜坡上有一个巨大的“花钟”（见图3—63），面积达345平方米，钟面由25 000种花卉构成，图案每年都不一样。粗大的钢条制成的时针、分针和秒针，用水力发电厂传送过来的电力来推动，每小时都会准点报时，钟声悠扬悦耳。在花钟附近的莱拉克花园，每到春夏季节，鲜花盛开，姹紫嫣红，如同铺了一条五颜六色的鲜花地毯。

图3—63　花钟

景点8：日本富士山

一、富士山概况

富士山（见图3—64）也称作“芙蓉峰”或“富岳”，被日本人民誉为“圣岳”，是日本的象征，在全球享有盛誉。富士山位于日本静冈县和山梨县交界处，东距东京约 80 千米。富士山是一座活火山，海拔 3 776 米，面积为 90.76 平方千米，是日本国内的最高峰，山顶终年积雪。它气势雄伟，为其他山峰所不及，呈圆锥形的山体十分优美。一眼望去，恰似一把悬空倒挂的扇子，常常被用来作为绘画和文学的创作题材，日本诗人曾用“玉扇倒悬东海天”和“富士白雪映朝阳”等诗句赞美它。

图 3—64 富士山风光

富士山是一座休眠火山，据传是公元前 286 年因地震而形成的。自 781 年有文字记载以来，富士山共喷发过 18 次，最后一次是 1707 年，此后变成休眠火山。由于火山口的喷发，富士山在山麓处形成了无数山洞，有的山洞至今仍有喷气现象。最美的富岳风穴内的洞壁上结满钟乳石似的冰柱，终年不化，被视为罕见的奇观。富士山是典型的圆锥形火山，山顶坡度 32° ~ 34°，山麓坡度 2° ~ 3°，山底直径 35 ~ 40 千米，火山口直径约 800 米，深约 250 米，火山口周围分布有剑峰、白山岳、久须志岳、大日岳、伊豆岳、成就岳、驹岳和三岳共八座山峰，统称为“富士八峰”，其中剑峰最高。

富士山四周有 4 个主要的登山口，分别为富士宫口、须走口、御殿场口和富士吉田（河口湖）口，其中前三个登山入口都在静冈县内。富士山的北麓从东向西分布着山中湖、河口湖、西湖、精进湖和本栖湖共五个淡水湖，统称为“富士五湖”。

天气晴朗的时候，游客在东京就可以看到富士山的轮廓，但是几乎大部分的日子，富士山总在尘雾之中，除非亲临富士山，否则是不太可能看到富士山的真貌。自古以来，富士山就是开展日本传统山岳信仰活动的重要场所。今天，作为一项观光登山活动，许多人喜欢登临富士山，从山顶观看日出——“御来光”和云海。在富士山的五合目（“合目”是日本传统的计算山高的单位，把一座山的高度平均分成 10 份，每一份即为一合，目代表序数。富士山由山脚至山顶共分为十合，半山腰称为五合目，由五合目再往上攀登，便是六合目、七合目，直至山顶的十合目）之前的一段道路已建成，即使不上山顶，只要在它的近处眺望它那四季各异的美景和周围的自然环境，也能充分领略富士山的风采。

二、富士山主要景点

1. 富士五湖

富士五湖是富士山北麓五个淡水湖的统称。富士五湖中最大的湖是山中湖（见图3—65），面积为6.75平方千米。湖畔有许多运动设施，可以打网球、滑水、垂钓、露营和划船等。五湖中开发最早的是河口湖（见图3—66）。这里交通十分便利，已成为五湖观光的中心。湖中的鹈岛是五湖中唯一的岛屿。岛上有一专门保佑孕妇安产的神社。湖上还有长达1 260米的跨湖大桥。河口湖中所映出的富士山倒影，被称作富士山奇景之一。五湖中环境最安静的一个湖是西湖（见图3—67）。据传，西湖与精进湖原本是相连的，后因富士山喷发而分成两个湖，但这两个湖的湖底至今仍是相通的。岸边有红叶台、青木原树海、鸣泽冰穴、足和田山等风景区。富士五湖中最小的一个湖是精进湖（见图3—68），但其风格却最为独特，湖岸有许多高耸的悬崖，地势复杂。富士五湖中最深的湖是本栖湖（见图3—69），最深处达126米。湖面终年不结冰，呈深蓝色，透着深不可测的神秘色彩。湖东南的忍野村，有涌池、镜池等8个池塘，总称“忍野八海”（见图3—70），与山中湖相通。

图3—65　山中湖

图3—66　河口湖

图3—67　西湖

图3—68　精进湖

图 3—69　本栖湖

图 3—70　忍野八海

2. 富士山的南麓

富士山的南麓（见图 3—71）是一片辽阔的高原地带，绿草如茵，为牛羊成群的观光牧场。富士山的西南麓有著名的白系瀑布（见图 3—72）和音止瀑布。白系瀑布落差 26 米，从岩壁上分成十余条细流，似无数白练自空而降，形成一个宽 130 多米的雨帘，颇为壮观。音止瀑布则似一根巨柱从高处冲击而下，声如雷鸣，震天动地。富士山也称

图 3—71　富士山南麓

图 3—72　白系瀑布

得上是一座天然植物园，山上的各种植物多达 2 000 余种。这些植物垂直分布明显，海拔 500 米以下为亚热带常绿林，500 ~ 2 000 米为温带落叶阔叶林，2 000 ~ 2 600 米为寒温带针叶林，2 600 米以上为高山矮曲林带。

3．圣庙

圣庙是指坐落在富士山顶峰上的久须志神社和浅间神社（见图 3—73），是富士箱根伊豆国立公园的主要风景区。夏末举行的封山祭祀活动——吉田火节，是日本三大奇节之一。

图 3—73　浅间神社

北口本宫富士浅间神社是昔日为镇住富士山喷火而建造的，用于祭祀富士山的神灵——记纪神话中出现的女神“木花开耶姫命”。古代的《常陆国风土记》中记载有关富士山神和筑波山神的传说。据说，天神拜访富士山神的住处，请求留宿，但是被主人以正在斋戒为由拒之门外。后来天神拜访筑波山神，也请求留宿，结果受到了欢迎。因此，此后筑波山上人流不断，而富士山却遭到了终年积雪的惩罚。平安时代的文学作品《更级日记》中，记载了当时一些人认为富士山神可以决定朝廷次年的人事更替的观念。到了江户时代，攀登富士山也在平民百姓中流行起来。平民们由于对富士山强烈的信仰，特地在江户各地堆起了许多富士冢。

所谓“富士冢”，就是在能够眺望到富士山的地方人工用土堆起的小山丘，在山丘顶部也建有浅间神社供人参拜。因此，不能去富士山的人也能够在当地体验一下攀登富士山的感觉。这样的富士冢很多被命名为“浅间山”或者“朝熊山”。另外从港湾眺望到富士山的地方，也有建立浅间神社的石碑的风俗。

4．其他景点

在静冈县裾野市的富士山麓，还辟有富士游猎公园，面积 74 万平方米，豢养着 40 种 1 000 多头野生动物，仅狮子就达 30 多头。旅游者可驾驶汽车，在公园内观赏放养的各种动物。

富士山本身是个旅游据点，而它周边也有许多风景点值得一游。富士山区还设有幻想旅行馆、昆虫博物馆、自然科学厅、奇石博物馆、富士博物馆、大型科学馆、植物园、野鸟园、野猴公园和各种体育、游艺场所等。

景点 9：泰国芭堤雅

一、芭堤雅概况

芭堤雅旅游区（见图 3—74）素以阳光、沙滩、海鲜名扬天下，被誉为“东方夏威夷”，是世界著名的新兴海滨旅游度假胜地。芭堤雅已成为“海滩度假天堂”的代名词，它位于泰国首都曼谷东南 154 千米、印度半岛和马来半岛间的暹罗湾处，市区面积 20 多平方千米，风光旖旎，气候宜人，年均温度 20℃左右。

图 3—74　芭堤雅风光

芭堤雅原来默默无闻，是一个人烟稀少的小渔村，当地人靠种番薯谋生。1961 年，泰国政府发现这里月牙似的海滨有其得天独厚的旅游条件，便拨出专款并鼓励国内外投资开发。如今，芭堤雅已发展成为一个近 10 万人的旅游不夜城，每当夜幕降临，芭堤雅灯火通明，大商店、大酒店、歌舞厅、夜总会的霓虹灯闪烁耀目，街道两旁亭式小酒吧鳞次栉比，流行音乐充塞大街小巷，马路上行人摩肩接踵，车水马龙，通宵达旦。长达 40 千米的芭堤雅海滩阳光明媚，蓝天碧水，沙白如银，椰林茅亭，小楼别墅掩映在绿叶红瓦之间，一派东方热带独特风光，令人心旷神怡，是良好的海滨游泳场。海上滑水、冲浪、滑降落伞等水上娱乐活动新奇刺激，在海滩南端的可兰岛还可乘坐透明长尾船欣赏海底五光十色的珊瑚奇景和热带鱼。此外，东芭文化村、老虎乐园、海味市场、信不信由你博物馆都是旅游者的常去之地。现在的芭堤雅是泰国旅游业的重要支柱之一。

二、芭堤雅主要景点

1．芭堤雅海滩

芭堤雅海滩位于帕拉他那山北侧，是芭堤雅最热闹的海滩。芭堤雅海滩及其海岸边是一个颇具规模的城市，商业和娱乐业非常发达。沿着海滩是芭堤雅海滩路，街道上有很多酒店、餐厅、露天酒吧和工艺品商店。到了晚上，芭堤雅简直就是一个灯红酒绿、喧闹嘈杂的 DISCO 舞厅。

2．宗天海滩

宗天海滩（见图 3—75）位于帕拉他那山南侧，规模和海岸线的长度与芭堤雅海滩不相上下，但两边的风格和环境却迥然不同。宗天海滩纯粹以度假休闲为主，没有那么多的商业、娱乐设施和建筑，更多的是海边的度假屋、游艇俱乐部、海上活动设施，体现了自然的宁静和安逸，就像一个超大规模的海边公园。

图 3—75　宗天海滩

3．珊瑚岛

珊瑚岛又称可兰岛、金沙岛，离芭堤雅海岸约 10 千米，由芭堤雅海滩乘船前往约需 45 分钟。珊瑚岛是芭堤雅的一个重要游览区。岛上，月牙般的沙滩拥抱着蔚蓝透彻的海水，沙滩沙粒洁白松软，特别清洁美丽，海域水质洁净，可透视水深数米之下的海底生物世界。珊瑚岛观光的独特价值在于在岛屿附近，可换乘别具风格的玻璃底小船，全方位饱览海底奇景。岛上游乐设施很多，除了在碧波中畅游，在细沙如银的沙滩上休憩，还可在海上滑板冲浪，驾驶水上摩托艇在大海里奔驰，可深水潜泳，或驾降落伞凌空飞行，也可悠然自得在海边垂钓。岛上沿沙滩建有餐馆和有民族特色的旅游商店，沙滩上排满了沙滩椅和色彩艳丽的太阳伞，给人一种舒适宁静的享受。

4．信不信由你博物馆

信不信由你博物馆（见图 3—76）又称不可思议博物馆，位于芭堤雅海滩边的皇家花园酒店三楼。馆内共有三大部分：一座是信不信由你馆，馆内以趣味的方式陈列了从世界各地搜集到的三百多幅珍奇事物的匪夷所思的图片、实物和蜡像，令人惊叹不已；另有一座由飞行员训练中心改建的高科技视听馆，每日播出三段立体影片，其精彩刺激的内容和可移动式的座位令观众身临其境；激光游戏中心则有可同时供 20 个人参与的战争游戏。

图 3—76　信不信由你博物馆

5．东芭文化村

东芭文化村（见图 3—77）也叫东芭乐园，是泰国最具规模的文化中心，位于芭堤雅以东 15 千米，占地 2.43 平方千米。这是一个大型现代化公园，园中有人工湖、兰圃、棕榈园，水光潋滟，小河缭绕于亭台楼阁之间，树木葱茏，鸟语花香，景色如画。园中设有文化村，是集中展示泰国民族文化的场所，表演节目有泰国民族歌舞、大象表演、猴子表演、击剑、斗鸡、泰拳表演等。在表演大厅中，定时演出勇猛激烈的泰国拳术，富有农村气息的指甲舞、竹竿舞等民族舞蹈，模拟古代战士骑象厮杀的战斗，以及在农村盛行的斗鸡游戏和充满宗教色彩的传统结婚仪式等节目。

图 3—77　东芭文化村风光

6．老虎乐园

老虎乐园位于曼谷前往芭堤雅的途中，在此可观赏到凶恶威猛的大老虎，还可以手抱活泼可爱的老虎仔，骑骆驼或鸵鸟也是老虎乐园生动有趣的活动之一。

7．石头公园和鳄鱼园

石头公园是一个以当地植物和年代久远的岩石为主要材料建造的天然景观公园，公园还有很多造型奇异的盆景，岩石来自泰国的北碧府。公园内还包括一个鳄鱼园和一个驯养着濒临灭绝动物和当地动物的小动物园。

8．芭堤雅大象村

访问大象村除了可以了解泰国大象的生活状况外，也是了解泰国近百年历史和文化的最好途径。在大象村，游客可以骑大象巡游和跋涉森林，还可以看到大象搬运木头的表演，还有古代大象参战的列队表演和大象踢足球等项目。

9．侬律花园

侬律花园位于芭堤雅市郊，离曼谷市约 90 千米，也称兰园。园主是泰国妇女侬律，她极喜爱兰花（又名胡姬花），收集各种兰花品种在园中精心栽培，地上放的、竹架上摆的、棚顶上吊的，尽是珍贵的兰花。有如彩蝶般的蝴蝶兰，似仙鹤昂首的鹤望兰，宛若一群身穿黄裙的少女在绿丛中起舞的舞女兰，不一而足。园内还建有一小型人造瀑布和观鱼池。出花园不远处，有一片宽广的草坪，周围有一排排树冠修剪成球形、伞形、塔形的篱树，有形象逼真的猛狮、孔雀开屏等树木造型，配以小桥流水、亭台水榭，以及用攀藤植物组成的“绿廊”，以品种繁多的鲜花点缀其间，犹如一幅幅美丽的图画。

景点 10：加拿大班夫国家公园

一、班夫国家公园概况

班夫国家公园（见图 3—78）建于 1885 年，是加拿大历史最悠久的国家公园。它坐落于洛基山脉北段，距加拿大阿尔伯塔省卡尔加里以西 110 ~ 180 千米处。公园共占地 6 641 平方千米，遍布冰川、冰原、松林和高山。冰原公路从路易斯湖开始，一直连接到北部的贾斯珀国家公园。西面是省级森林和幽鹤国家公园，南面与库特尼国家公园毗邻，卡纳纳斯基斯镇位于其东南方。公园内主要的商业区为弓河山谷的班夫镇。它作为“加拿大洛基山脉自然公园群”的一部分，与其他加拿大洛基山脉的国家和省立公园一起被列入《世界遗产名录》。

加拿大太平洋铁路早期通往班夫国家公园，太平洋铁路集团在公园内建造了班夫温泉酒店和路易斯湖城堡酒店，吸引了大量游客前往。20 世纪初期，通往班夫的公路建

图 3—78　班夫国家公园

成。1960 年开始公园全年对外开放，1990 年游客数量达到了 500 万人次。上百万的游客通过加拿大横贯公路前往。由于班夫国家公园是全球最受欢迎的公园之一，生态系统开始受到影响和破坏。20 世纪 90 年代，加拿大公园管理局启动了一个为期两年的研究项目，颁布了一系列的措施，试图控制游客数量，保护生态环境。

二、班夫国家公园主要景点

1. 班夫镇

班夫镇成立于 1883 年，是班夫国家公园的主要商业中心，也是文化活动中心。班夫镇是一些文化机构的所在地，如班夫中心、怀特博物馆、班夫国家卢克斯顿博物馆、洞穴与盆地国家历史古迹和一些艺术博物馆。班夫镇有很多传统的年度活动，包括 1889 年开始的班夫印第安日、班夫冬季狂欢节。自 1976 年开始，班夫中心组织策划了班夫山地电影节。1990 年，班夫镇成为阿尔伯塔的一个自治区，增加了很多自主权利，但是很多计划和发展相关的事务还要受《加拿大国家公园法》和联邦当局的制约。弓河穿班夫镇而过，弓河瀑布位于镇郊外。

2. 路易斯湖

路易斯湖山谷距班夫镇西面 54 千米，路易斯湖城堡酒店就坐落在湖边。梦莲湖距路易斯湖 15 千米，湖畔是十峰山，倒映在湖中，风景秀美，被采用为加拿大 20 加元纸币 1969 年到 1979 年版本的背面图案。路易斯湖山地度假区也位于山谷附近。

3. 冰原公路

冰原公路全长为 230 千米，将路易斯湖和贾斯珀连接在一起。冰原公路从路易斯湖开始，往北到达弓河山谷，穿过赫克托湖、弓湖和沛托湖。之后，冰原公路到达最高点，沿着米斯塔亚河到达萨斯喀彻温口，在那里豪斯河与北萨斯喀彻温河交汇在一起。冰原公路过了萨斯喀彻温口，沿着北萨斯喀彻温河到达哥伦比亚冰原之后，穿越贾斯珀国家公园，翻过海拔为 2 023 米的森瓦普塔山口，一直延伸到贾斯珀镇。

思考与练习

实训练习一：请根据所学内容对境外旅游景点进行简单的分析评价。

实训练习二：以小组为单位针对境外主要旅游目的地国家旅游景点进行介绍，可以从旅游景点知识搜集、旅游景点 PPT 制作、旅游景点特点赏析、旅游景点讲解介绍等方面进行实训练习。